Zur Erneuerung der deutschen Zivilrechtspflege.

Von

Rudolf Bovensiepen,
Kiel.

Sonderabdruck aus Schmollers Jahrbuch für Gesetzgebung,
Verwaltung und Volkswirtschaft im Deutschen Reiche.
39. Jahrgang, 3. Heft.

München und Leipzig.
Verlag von Duncker & Humblot.
1915.

Alle Rechte vorbehalten

Inhaltsverzeichnis

Seite

Ausgangspunkte:
Jeder Zivilprozeß dient der Verwirklichung des materiellen, wahren Rechts und führt keine gesonderte Existenz für sich 5
Er bedeutet eine Krankheit am Volkskörper 6

I. Hauptaufgabe der Rechtspolitik ist daher, den Zivilprozessen möglichst vorzubeugen.

Hauptmittel sind:
1. Einführung des staatsbürgerlichen Unterrichts in allen deutschen Schulen 7
2. Ausbau der gemeinnützigen Rechtsauskunftsstellen 8
3. Schaffung von Friedensgerichten, die in allen bürgerlichen Rechtsstreitigkeiten die obligatorische Sühneinstanz bilden und in allen Bagatellsachen beim Scheitern des Sühneversuchs als erste Instanz entscheiden 10

Zur Scheidung der streitigen von den unstreitigen Forderungen dienen:
1. Ein obligatorisches Mahnverfahren 18
2. Einziehungsämter 22
3. Ein gerichtlicher Präventivakkord 23
4. Stundungsbefugnis für den Richter 25
5. Vollstreckung aus notariell protestierten Wechseln 25

II. Der eigentliche Zivilprozeß leidet heute an Langsamkeit, Schwerfälligkeit, Formalismus und öder Prinzipienreiterei . . 25

Daher ist:
1. Das Prinzip der Mündlichkeit durch gemischt mündlich-schriftliches Verfahren zu ersetzen 27
2. Die Eventualmaxime ist einzuführen 28
3. Ein weitgehendes richterliches Prozeßleitungsrecht hat die unbedingte Parteiherrschaft über den Prozeß zu ersetzen 30
4. Die Wahrheitspflicht der Parteien und ihrer Anwälte ist anzuerkennen 34
5. Der Anwaltszwang in seiner heutigen Gestalt ist unhaltbar 37
6. Der Parteieid ist durch die Parteivernehmung zu ersetzen 41
7. Das Versäumnisverfahren ist umzugestalten 42
8. Eine Berufungsgrenze ist einzuführen 44
9. Die Berufung ist der gemeinrechtlichen Appellation anzunähern . . 45
10. Vor dem Reichsgericht gilt reine Schriftlichkeit 47

III. Die Kosten des Verfahrens bei den geringen Sachen sind zu hoch 48
Die Erstattungsfähigkeit der Kosten des zugezogenen Anwalts ist stets vom Gericht nachzuprüfen 50

Schlußbetrachtung 50

Nachtrag 51

In vorliegender Abhandlung bietet der Verfasser eine zusammenfassende und vervollständigte Darstellung seiner an verschiedenen anderen Orten bereits mitgeteilten Reformvorschläge [1], die eine Gesundung unseres heutigen, zweifellos bei der Mehrheit des rechtsuchenden Publikums recht unbeliebten Zivilprozeßfahrens herbeizuführen, f. E. sehr wohl geeignet sein dürften. Rein technisch-juristische Fragen, die lediglich für einen rechtlich vorgebildeten Leser Interesse haben könnten, sind nicht behandelt worden; allenthalben wurde versucht, die Erörterungen in einen allgemein kulturellen und volkswirtschaftlich-sozialpolitischen Zusammenhang hineinzustellen. Irgendwelche Vollständigkeit anzustreben, war nicht der Zweck der vorliegenden Arbeit und konnte es auch — angesichts der wahren Fülle von auf diesem Gebiete der Prozeßreform liegenden Problemen und der Knappheit des zur Verfügung stehenden Raums — nicht sein. So konnte namentlich — um nur einiges Wenige hervorzuheben — das so dringend reformbedürftige wichtige „Armenrecht" überhaupt nicht berührt werden, ebensowenig die Frage der weiteren Pfändungsbeschränkungen. —

Nach des Hallenser Rechtsgelehrten Rudolf Stammler Sozialphilosophie ist das Recht die oberste, alleinheitliche und allumfassende Form des sozialen Lebens, die Wirtschaft deren Materie. Es tritt auf mit dem Anspruch auf selbstherrliche Geltung ohne die Zustimmung der von ihm Betroffenen zu erheischen. Sein oberstes Leitmotiv und Zweck ist die Verwirklichung der sozialen Gerechtigkeit auf Erden: Jedem das Seine. Die wirksamste Form der Ausübung eines durch die Rechtsordnung verliehenen subjektiven Rechts ist seine Geltendmachung vor Gericht, der Zivilprozeß oder bürgerliche Rechtsstreit. Selbständige Aufgaben besitzt er letzten Endes überhaupt nicht, er ist bloßer Diener des materiellen Rechts, seine möglichst rest- und lückenlose Durchsetzung soll er verwirklichen. „Stets ist zu beachten, daß das Prozeßgesetz seine Formvorschriften — und Formvorschriften sind mehr oder weniger alle zivilprozessualen Regeln — nicht zu dem Zwecke gibt, um der Rechtsverfolgung Schwierigkeiten zu bereiten, sondern um die Ordnung des Verfahrens aufrecht zu erhalten und berechtigte Interessen zu schützen" [2]. Und ganz im selben Geiste

---

[1] Vgl. „Einige Bemerkungen zur Reform unseres Zivilprozesses" in der Deutschen Richterzeitung 1912, S. 177 und 223. „Der Anwaltszwang in Recht und Wirtschaft" 1913, S. 210 ff. „Friedensrichter", ebenda 1914, S. 59 ff. „Klagen unseres Volkes' über den deutschen Zivilprozeß", Preußische Jahrbücher 1914, S. 400 ff. „Eine sozialpolitische Betrachtung über die Bedeutung des gerichtlichen Kostenwesens", D. R. Z. 1913, S. 189 ff.
[2] Konrad Hellwig, System des deutschen Zivilprozesses, Bd. I, 1912, § 154 sub III, S. 462.

prägt das Reichsgericht die goldenen Worte: „Die Bestimmungen der Zivilprozeßordnung sind im großen und ganzen technische Zweckmäßigkeitserwägungen, darauf berechnet, den Rechtsstreit in angemessener Weise zu erledigen und dem materiellen Rechte, soweit als möglich, zum Siege zu verhelfen"[1]. Diese Betrachtung von der dienenden Natur des Zivilprozesses sollte den Ausgangspunkt für alle Kritik und alle Reformvorschläge bilden, dieser oberste Maßstab sollte allenthalben in der wissenschaftlichen Diskussion angelegt werden!

Jeder Zivilprozeß ohne Ausnahme ist nun ein volkswirtschaftliches, sehr oft auch ein ethisches Übel. Er verschlingt Zeit, Geld und Nervenkraft zum mindesten auf einer Seite, sehr oft bei beiden Parteien, oft werden die Leidenschaften aufgestachelt und der Ausgang, die Entscheidung mag noch so gerecht ausgefallen sein, hinterläßt nur zu leicht ein Gefühl der Verstimmung, um nicht zu sagen der Verbitterung, tief prägt sich der Stachel der wohl fast stets von einer Partei als unbillig empfundenen Entscheidung in das Gemütsleben und auch in den Geldbeutel der unterliegenden Seite ein. Von tiefster Einsicht in die Unvollkommenheiten des menschlichen Getriebes zeugen die Worte Friedrichs des Großen in seiner berühmten seine Justizgesetzgebung einleitenden Kabinettsorder vom 14. April 1780 an seinen Ministre Chef de Justice und Großkanzler, den Grafen von Carmer: „Da die Prozesse allemal zu den Übeln in der Sozietät gerechnet werden müssen, welche das Wohl der Bürger vermindern, so ist ohnstreitig dasjenige das beste Gesetz, welches den Prozessen selber vorbeugt." Und ganz im selben Geiste erklärt der kleine Nachfolger des großen Königs, Friedrich Wilhelm II., in § 22 seiner Allgemeinen Gerichtsordnung für die preußischen Staaten vom 1. Juli 1793: „Auch bei der zweckmäßigsten Behandlung bleiben Prozesse wegen des nachteiligen Einflusses, welchen sie nicht nur auf die Glücksumstände, sondern auf den sittlichen Charakter der Parteien haben können, stets ein in der bürgerlichen Gesellschaft möglichst zu vermeidendes Übel." Heute gerade mehr denn je gelten diese Sätze. Unser Kapitalismus hat sich in den seitdem verflossenen 12 Jahrzehnten gewaltig entwickelt, aber die Aufgaben unsererer Volkswirtschaft sind auch so ungeheuer gestiegen, daß sie auf stetige Befruchtung durch Kapitalzufuhr unbedingt angewiesen ist, jede ihr entzogene Million bedeutet einen erheblichen Verlustposten. Zu solchen toten Kapitalien gehören aber auch — und wahrlich nicht in letzter Linie — die in Zivilprozessen investierten Summen.

---
[1] R. G. Band 70, S. 292.

Leider ist die Erkenntnis des Satzes, daß **jeder Prozeß eine Krankheit**, eine negative soziale Erscheinung bedeutet, noch viel zu wenig in das Bewußtsein der öffentlichen Meinung eingedrungen. Während man in der Medizin heute seit geraumer Zeit auf die Prophylaxe das entscheidende Gewicht legt, sieht man leider heute in der Rechtspolitik in der Anstrengung eines Zivilprozesses immer noch ganz überwiegend das allein selig machende Allheilmittel. Nein umgekehrt, bereits im Keime muß die Krankheit erstickt werden, auf die Vorbeugung und Vermeidung der Zivilprozesse muß das Hauptgewicht gelegt werden, wir brauchen eher ein großzügiges und weitausschauendes „Antizivilprozeßgesetz" als ein Zivilprozeßgesetz selbst! Gewiß lassen sich nicht alle Rechtsstreitigkeiten vermeiden, stets wird es Zivilprozesse geben, solange die Welt besteht und Menschen leben. Nicht nur die zu entscheidende Rechtsfrage ist oft zweifelhaft, oft irren sich die Parteien über den Wortlaut ihrer Erklärungen, mitunter wird auch der Schuldner böswillig oder noch öfter zur Zahlung unvermögend sein. Aber ungemein zahlreich sind doch auch wieder die Fälle, bei denen ein eigentlicher Rechtsstreit, ein Zivilprozeß im engeren technischen Sinne ganz vermeidbar ist. Das gilt, wie wir weiter unten noch sehen werden, auch — und zwar vornehmlich — für den Schuldner, der wohl zahlen will aber nicht zahlen kann. Zahlreich sind nun die Mittel, um einer unnötigen Prozeßführung vorzubeugen und die unstreitigen Sachen von den streitigen zu scheiden. Es sind im wesentlichen folgende: 1. Einführung des staatsbürgerlichen Unterrichts in allen deutschen Schulen. 2. Ausbau der gemeinnützigen Rechtsauskunftsstellen. 3. Schaffung von Friedensgerichten, deren Anrufung in allen vermögensrechtlichen Bagatellsachen bis etwa 60 Mk. vor Beschreitung des ordentlichen Rechtswegs obligatorisch sein muß. 4. Ein obligatorisches Mahnverfahren. 5. Einziehungsämter. 6. Einführung des gerichtlichen Präventivakkordes. 7. Stundungsbefugnis für den Richter. 8. Vollstreckung aus notariell protestierten Wechseln. Eine gute, knappe Besprechung von ihnen mit Ausnahme von 8 und 7 bietet der ausgezeichnete Vortrag des Reichsgerichtsrats Dr. Lobe-Leipzig „Wie ist den hauptsächlichsten Klagen des Volkes über den Zivilprozeß abzuhelfen" auf dem 3. Deutschen Richtertag in Berlin am 12. November 1913[1]. Mit Recht hebt Lobe hervor, daß die beklagenswerte Unkenntnis unseres deutschen Volkes in allen Rechtsangelegenheiten, vornehmlich aber auf dem Gebiete des Privatrechts zum großen Teile das Streitigwerden von Ansprüchen ver-

---

[1] Abgedruckt in der Deutschen Richterzeitung 1913, S. 715 ff.

anlaßt, die an sich ohne weiteres begründet sind und vom Schuldner gar nicht bestritten werden sollten, oder aber auch umgekehrt, wie jeder Rechtskundige auf den ersten Blick sieht, völlig unbegründet sind und nie hätten vor Gericht erhoben werden sollen. **Einführung des staatsbürgerlichen Unterrichts** in allen staatlichen Schulen, auch in den Volksschulen, vornehmlich aber in den höheren Schulen und Lehrerseminaren, Veranstaltung staatlicher Fortbildungskurse und ständige Unterrichtskurse im Rechte für die Angehörigen der verschiedensten wirtschaftlichen Verbände, namentlich der Gewerkschaften, durch Richter[1], Verbreitung von Rechtsstoff durch die Presse, insonderheit durch die Tageszeitungen kann hier viel Gutes stiften. Man urteilt heute hart über die „Weltfremdheit der Richter", aber die „Rechtsfremdheit des Volkes" übersieht man leider nur zu häufig. Zu dieser Rechtsfremdheit des Volkes tritt eine starke Rechthaberei und Prozeßsucht hinzu. Will man ihnen energisch zu Leibe rücken, so müssen Staat und Gemeinden vornehmlich die so ungemein segensreiche Tätigkeit der gemeinnützigen **Rechtsauskunftsstellen** mit allen Mitteln fördern. Keinesfalls darf der Staat diese Einrichtung privaten Unternehmern oder den einseitige Interessen vertretenden Arbeiterorganisationen, den Gewerkschaften, einerseits und Arbeitgeberverbänden anderseits überlassen. Nur dann können die Rechtsauskunftsstellen ihrer hohen Aufgabe, Rechtskenntnisse zu verbreiten, dem Recht und dem sozialen Frieden zu dienen, wirksam genügen, wenn sie ganz unparteiischen Organen, die völlig außerhalb des sozialen Kampfes stehen, anvertraut werden. Lawinenartig ist[2] das Bedürfnis der minderbemittelten Volksschichten nach unentgeltlicher Ratserteilung in Fragen des privaten und öffentlichen Rechts gestiegen, ein Blick auf die unheimlich anschwellende Gesetzesproduktion beweist dies augenfällig. Das früher sich so üppig breit machende und geil emporwuchernde Rechtskonsulenten- und Winkelkonsulententum kann nur so wirksam bekämpft werden. Die eminente rechts- und sozialpolitische Aufgabe der Rechtsauskunftsstellen kann gar nicht hoch genug veranschlagt werden. Sehr gut gekennzeichnet wird sie in dem im Mai 1908 von einer Vereinigung hervorragender Männer des öffentlichen Lebens — unter ihnen seien nur Staatsminister Freiherr von Berlepsch, der Herausgeber der sozialen Praxis,

---

[1] Vgl. hierüber die schöne Arbeit von Kracht: „Zur Frage der Volkstümlichkeit des Rechts", D. R. Z. 1915, S. 159 ff.

[2] Wie Felix Clauß mit Recht in seinem Aufsatz „Die Rechtsauskunftsbewegung und die Gerichte der Zukunft" in der Deutschen Richterzeitung 1913, S. 15—22 betont.

Professor Dr. Francke, und Geheimrat Dr. Rießer genannt — an die Bevölkerung Groß-Berlins erlassenen Aufruf zur Beschaffung der Mittel für Einrichtung einer gemeinnützigen Rechtsauskunftsstelle Groß-Berlins: "Unentgeltliche Raterteilung an Unbemittelte in Rechtsangelegenheiten, zuverlässige und gründliche Rechtshilfe für Bedürftige dient dazu, der Verarmung entgegenzuwirken und die Erwerbsquellen zu erweitern und ergiebiger zu machen. Sie wirkt aber auch im Sinn des sozialen Friedens und der Versöhnung, indem sie den Minderbemittelten zu ihrem Rechte verhilft, sie der vielfach gerade für sie geschaffenen Fürsorgeeinrichtungen teilhaftig macht und dadurch dem Gemeinwesen zurückgewinnt. Notwendig aber ist solche Rechtsbelehrung und Rechtshilfe, weil dem Umfang und der Schwierigkeit der Gesetzgebung und der Verwaltungsorganisation der Unkundige zumeist rat- und hilflos gegenübersteht." Großes haben bisher unsere gemeinnützigen Rechtsauskunftsstellen geleistet nicht nur — worauf entschieden irrig bisher das Hauptgewicht bei ihrer Bewertung gelegt wird — durch die Anzahl der von ihnen oder doch mit ihrer Unterstützung erfolgreich geführten Prozesse für Unbemittelte oder Minderbemittelte und durch die lawinenhaft in den letzten Jahren angeschwollene Zahl der von ihnen angefertigten Schriftsätze und die Höhe der von ihnen für ihre Klienten beigetriebenen Summen und Renten, namentlich in Alimenten- und Unfallsachen, sondern vor allem auch in der Verhütung von Prozessen. Leider tritt höchst bedauerlicher Weise gerade dieser Zweig ihrer Tätigkeit bisher in ihren Jahresberichten und Statistiken nicht mit genügender Deutlichkeit hervor. Wie ungemein segensreich gerade auf prozeßverhütendem Gebiete eine von einer kenntnisreichen und begabten Persönlichkeit geleitete Rechtsauskunftsstelle wirken kann, beweist klar der Jahresbericht der Rechtsauskunftsstelle des Kreises Rendsburg i. H. für das Jahr 1911. Danach wurde diese während des Berichtsjahrs 822 mal und davon 191 mal in Gesindestreitigkeiten in Anspruch genommen. In den letzten Fällen gelang es — wie Clauß a. a. O. mitteilt — 153 mal Gesinde wie Dienstherrschaften aufzuklären und eine Einigung der Parteien zu erzielen, so daß eine Fortsetzung des Dienstverhältnisses stattfand. Freilich Voraussetzung für eine gedeihliche Tätigkeit ist die Leitung der Rechtsauskunftsstelle durch einen voll ausgebildeten, kenntnis- und erfahrungsreichen Juristen, Versuchsstationen für Referendare und mittlere Gerichtsbeamte dürfen diese schwierigen und verantwortungsreichen Stellen nicht sein. Gründlichste Beherrschung des Privat-Verwaltungs- und Sozialversicherungsrechts ist unbedingt erforderlich. Zur Ausbildung für den Referendar und jungen Assessor aber bietet sich hier ein geradezu ideales Feld. Hier werden die Brücken zwischen Volk und Recht geschlagen, die trennenden Schlagbäume fallen, Jurist und Laie lernen sich kennen und ihre Tätigkeit schätzen und verstehen. Es muß alles daran gesetzt werden, das ganze Land mit einem möglichst dichtmaschigen Netze gemeinnütziger Rechtsauskunftsstellen zu bedecken, heute sind sie von rühmlichen Ausnahmen abgesehen, fast nur auf größere und mittlere Städte beschränkt, Ehrenaufgabe der Kreisverwaltungen wäre es, für jeden Landkreis in der Kreisstadt eine solche gemeinnützige Organisation in das Leben zu rufen.

So außerordentlich hoch wir nun aber auch die Bedeutung der Rechtsauskunftsstellen einschätzen, eine wahrhaft grundlegende Besserung unserer heutigen Prozeßzustände vermögen sie allein auch nicht zu schaffen. Mit Rechtsbelehrung wird der tiefeingefressenen Krankheit der „Prozeßseuche" die Wurzel nicht ausgerissen. Wir müssen schon radikaler vorgehen. Genau so wie in Strafsachen geringfügiger Art, nämlich bei Beleidigungen und leichten Körperverletzungen, dem Verletzten die Beschreitung des ordentlichen Rechtswegs, also die Erhebung der Privatklage, erst nach Stattfinden eines erfolglosen Sühneversuchs gestattet ist, genau so müßte in Bagatellsachen des bürgerlichen Rechts, etwa bei Streitwerten bis zu 60 Mk. — über die Abgrenzung läßt sich natürlich streiten — der Anrufung des ordentlichen Gerichts ein ganz formfreies, ungemein billiges, wenn nicht ganz kostenfreies, beschleunigtes Sühneverfahren vor einem „Friedensrichter" vorausgehen. Bei einem Scheitern des obligatorischen Sühneversuchs müßte der Friedensrichter alsbald in der Sache selbst entscheiden. Eine ganze Reihe von ausländischen Staaten kennt bereits das Institut der Friedensrichter in der hier vorgeschlagenen Gestalt[1]. So müssen in Italien alle bürgerlichen Rechtsstreitigkeiten bis zu 100 Lire, etwa 81 Mk., vor den „Conziliatore" gebracht werden. Scheitert der von ihm mit den Parteien vorzunehmende Sühneversuch, so entscheidet er unter Ausschluß des ordentlichen Rechtswegs bei Objekten bis zu 50 Lire endgültig, nur bei höheren Streitwerten können die ordentlichen Gerichte angerufen werden. Von den etwa 8000 Conziliatores in Italien werden Rechtskenntnisse nicht verlangt, wohl aber legt die italienische Zivilprozeßordnung ganz mit Recht großes Gewicht darauf, daß nur angesehene Persönlichkeiten mit umfassender allgemeiner Bildung und anerkannter sozialer Stellung zu dem wichtigen Amte berufen werden.

---

[1] Vgl. für die Einzelheiten die Abhandlung des Verfassers: „Friedensrichter" in Recht und Wirtschaft 1914, S. 69—74.

Daher sind nur Personen mit mindestens abgeschlossener Gymnasialbildung oder ehemalige Offiziere oder ehemalige Staats= und Gemeindebeamte, die mindestens 100 Lire jährlich Steuern entrichten und Übung in der Behandlung der Geschäfte besitzen, ernennbar. Die Ernennung erfolgt durch den Präsidenten des zuständigen Appellationsgerichts auf drei Jahre. Das Verfahren vor ihm ist besonders beschleunigt, die Kosten sind ungemein gering und betragen in Sachen unter 50 Lire 1 Lire 20, bei Streitwerten von mehr als 50 bis zu 100 Lire das Doppelte. Ein festes Gehalt bezieht der Conziliatore nicht, sondern für jeden Sitzungstag 4 Lire Tagegeld und Ersatz seiner Reisekosten bei auswärtigen Terminen. Er kann das persönliche Erscheinen der Parteien, die stets berechtigt sind sich vertreten zu lassen, anordnen. Von den über 1½ Millionen bei ihnen im Jahre 1904 anhängigen Sachen verglichen die „Conziliatores" annähernd eine Million, nur rund ein Drittel der Sachen mußten sie als Richter entscheiden. In dieser Gestalt erfreut sich das Verfahren der größten Beliebtheit. Auch in sämtlichen Kantonen der Schweiz mit einziger Ausnahme von Basel=Stadt besteht das Amt des Friedensrichters. Juristische Vorbildung ist für ihn nicht erforderlich. Manche Kantone verbieten sogar, daß Juristen, Richter oder Rechtsanwälte zu Friedensrichtern gewählt werden. „Die Institution genießt allgemeine Anerkennung. Im Kanton Zürich, in welchem sie seit nahezu einem Jahrhundert in Geltung steht, ist der Prozentsatz der erzielten Vergleiche innerhalb 35 Jahren auf 61% gestiegen[1]." Auch in Dänemark beendigen die aus Laien bestehenden „Vergleichskommissionen" den größten Teil aller bürgerlichen Rechtsstreitigkeiten durch Vergleich[2]. Unzutreffend freilich ist es, wie es öfter geschieht, auch auf die französischen Zustände zur Stützung des Verlangens nach ungelehrten Friedensrichtern Bezug zu nehmen. Dies schlüssig nachgewiesen zu haben, ist das Verdienst von Haeger: „Der französische Zivilprozeß und die deutsche Zivilprozeßreform."

Die unzweifelhaft großen Erfolge der erwähnten Länder mit ihren Friedensrichtern ermuntern den deutschen Gesetzgeber der Zukunft den gleichen Weg einzuschlagen. Der Hinweis der Gegner auf die großen Mißerfolge, die man in Deutschland namentlich in Preußen mit den landesgesetzlich zur Schlichtung von bürgerlichen

---

[1] Bamberger, Friedensrichter, in der Deutschen Juristenzeitung 1912, Sp. 968.

[2] Nähere Angaben über die dänischen Verhältnisse enthält das interessante Werk von Lütkemann, Justiznotariat oder Urkund= und Friedensämter, 1913, S. 140—147.

Rechtsstreitigkeiten berufenen Schiedsmännern erzielt hat, ist unsers Erachtens nicht stichhaltig. Gewiß wirkt es zunächst verblüffend, daß die Zahl der von den preußischen Schiedsmännern verhandelten bürgerlichen Rechtsstreitigkeiten von 90760 im Jahre 1880 auf 4087 im Jahre 1913 gesunken ist und die Zahl der von ihnen in diesen Sachen geschlossenen Vergleiche in den gleichen Jahren von 59250 auf 1847. Aber das beweist nur, daß die heutige Einrichtung unseres Schiedsmannsinstitutes völlig verkehrt ist und deshalb versagt, nichts aber gegen die Richtigkeit des Gedankens als solchen, bürgerliche Rechtsstreitigkeiten von geringem Streitwert zu einem obligatorischen Sühneverfahren zu verweisen und sie bei Nichteinigung durch den „Friedensrichter" entscheiden zu lassen. Die Gegner übersehen, daß heute dem Schiedsmann jedwede Möglichkeit fehlt, gegen den nicht erscheinenden Gegner des Ladenden einen Zwang zum Erscheinen auszuüben, der Schuldner braucht nur spätestens am Tag vor dem anberaumten Sühnetermin dem Schiedsmann mitzuteilen, er sei nicht gewillt zu erscheinen, und dem Gesetz ist vollkommen Genüge getan. Das bedeutet geradezu eine Aufmunterung für den böswilligen Schuldner, der nicht zahlen will, die Sache zu verschleppen und den Gläubiger zu ärgern. Eine solche Möglichkeit ist natürlich im Lauf der Jahre bekannt geworden, die Schuldner haben immer mehr von ihr Gebrauch gemacht und die Gläubiger ganz naturgemäß immer mehr die Lust zu solchem gefährlichen Experiment, ihre Schuldner vor den Schiedsmann zu laden, verloren. Dazu kommt noch in Betracht, daß vielfach die Schiedsmänner nicht mit dem genügenden Geschick ausgewählt werden, und daß ihnen öfter die zur segensreichen Bekleidung ihres Amts unbedingt erforderliche soziale Stellung fehlt. Welch' außerordentliche Bedeutung die Einführung des Zwangsmomentes besitzt, beweist der Umstand, daß in den sogenannten „Privatklagesachen" in denen der Privatkläger vor Einreichung seiner Klage beim Gericht den Schiedsmann um Vornahme einer Sühne angehen muß, die Schiedsmänner in Preußen im Jahre 1913 in den 224218 vor sie gebrachten Sachen nicht weniger als 64399 Vergleiche stifteten. Unser weiterer Vorschlag, daß der Friedensrichter beim Scheitern des Sühneversuchs sogleich die Sache selbst entscheiden soll, zerstreut ferner die auch von Lobe a. a. O. geäußerte Befürchtung, durch Einführung eines obligatorischen Sühneversuchs würde nur der böswilligen Prozeßverschleppung Tür und Tor geöffnet und zu den gerichtlichen Instanzen noch eine außergerichtliche hinzugefügt. Ganz im Gegenteil, der ex aequo et bono entscheidende Friedensrichter würde in dem ganz summarisch zu gestaltenden Verfahren viel rascher zu einem Spruch kommen können als der häufig mit Dienstgeschäften überlastete ordentliche Prozeßrichter, der überdies noch auf Schritt und Tritt durch einen wahren Wust von Paragraphen eingeschnürt und in seiner Bewegungsfreiheit gehemmt ist. Durch die Friedensrichter würde unsere Bevölkerung endlich die volkstümliche, billige und schnelle Rechtsprechung erhalten, die sie — die Einführung der Gewerbe- und Kaufmannsgerichte, der immer lauter werdende Schrei nach immer weiteren Sondergerichten beweist das deutlich — seit Jahren unter Ausschließung der Berufsjuristen begehrt. So radikal, wie zunächst der Vorschlag: bürgerliche Rechtsstreitigkeiten durch Nichtjuristen entscheiden zu lassen, erscheint, ist er gar nicht. Denn ganz abgesehen davon, daß heute schon in Deutschland die zahlreichen Gewerbe- und Kaufmannsgerichte in der Besetzung von größtenteils Nichtjuristen zahlreiche Streitigkeiten aus dem Gebiete des Arbeitsvertragsrechts entscheiden, und daß weiter die Parteien grundsätzlich für alle vermögensrechlichen Streitigkeiten durch Wahl von Schiedsgerichten die staatliche Rechtsprechung durch die ordentlichen Gerichte einfach ausschalten können, so ist unsere programmatische Forderung heute schon in großen Gebietsteilen Deutschlands, nämlich in Württemberg und Baden durch die dortigen Gemeindegerichte in vollem Umfang verwirklicht. Auf ihre Zusammensetzung und ungemein segensreiche Tätigkeit werden wir im weiterem Verlauf unserer Darstellung noch zu sprechen kommen. Ungemein oft bedürfen die kleinen Rechtsstreitigkeiten des täglichen Lebens zu einer gerechten und zweckmäßigen Entscheidung weniger gelehrter positiver Rechtskenntnisse als einer gesunden Auffassung für die Bedürfnisse der Billigkeit und Kenntnis der Anschauungen der beteiligten Volkskreise. Oft sind diese ganz anders geartet als das positive Recht und so entsteht leicht eine gewisse Spannung zwischen Volk und den Trägern und Anwendern des Rechts, den gelehrten Richtern. „Da wäre es wohl kein Unglück, sondern eher ein gewisser Fortschritt, wenn durch Sprüche der ungelehrten Friedensrichter bei einem Konflikt zwischen erstarrtem und durch die Volksanschauungen überholtem geschriebenem positiven Recht und den im Volksbewußtsein geltenden Rechtsanschauungen diesen zum Siege verholfen würde[1]." So würde das Recht des täglichen Lebens und des Kleinverkehrs mitten in den Fluß des Lebens gestellt werden, sich leicht und elastisch den Verkehrsbedürfnissen anschmiegen können und die Volksgesamtheit

---

[1] Bovensiepen, Friedensrichter, in Recht und Wirtschaft 1914, S. 71.

unmittelbar wie in früheren Zeiten an der Fortbildung des Rechts beteiligt werden können. Gewohnheitsrechtliche Bildungen würden wieder mehr zu Ehren kommen können und vor allem würde die Brücke zwischen Volk und Recht geschlagen sein, das Recht des täglichen Lebens und Kleinverkehrs wenigstens würde, wie dieses Savigny und mit ihm die historische Schule forderte, ein Ausfluß der unmittelbaren Volksüberzeugung, ein Produkt des Gesamtgeistes des Volkes werden. Diese Erwägungen schließen es auch vollständig aus, das so wichtige und verantwortungsvolle Amt des Friedensrichters Juristen, wie etwa den Amtsrichtern in Anlehnung an § 510 Z.P.O., der heute schon für alle bürgerlichen Rechtsstreitigkeiten die Möglichkeit eines Sühneverfahrens vor den Amtsgerichten zuläßt, oder den Notaren, wie es Lüttemann in seiner sonst recht beachtenswerten Schrift „Urkund- und Friedensämter", 1913, vorschlägt, zu übertragen. Die angestrebte Möglichkeit der Bildung eines wahren Volksrechts aus den beteiligten Kreisen heraus würde dann wegfallen. Der Übertragung der friedensgerichtlichen Obliegenheiten an die Amtsgerichte stünde auch noch das Bedenken der hierdurch bedingten ungemein großen Vermehrung der Richterstellen entgegen. Anmutend erscheint der neuerdings[1] gemachte Vorschlag, die Leiter der gemeinnützigen Rechtsauskunftsstellen, soweit sie Juristen sind, zu Schiedsmännern zu bestellen und sie in allen Bagatellsachen bis zu 100 oder 200 Mark zur obligatorischen Sühneinstanz zu machen. Mit Recht widerrät er aber bringend der wiederholt aufgestellten Forderung, beim Scheitern des Sühneversuchs diese Leiter an Stelle der ordentlichen Gerichte den Streit endgültig entscheiden zu lassen. Denn Aufgabe der Rechtsauskunftsstellen ist es eben wie ihr Namen schon besagt, die Rechtsuchenden zu beraten, aber nicht ihre Rechtsstreitigkeiten selber zu entscheiden. Der Berater der einen Partei, der sich vorher schon notwendig auf einen bestimmten Standpunkt festgelegt und einseitig ihre Interessen wahrgenommen hat, kann nicht nachher einige Stunden oder ein paar Tage später, wenn der Sühneversuch mißlungen ist, sich in einen über den Parteien stehenden völlig unvoreingenommenen Richter umwandeln. Eben deshalb müssen die Rechtsauskunftsstellen, ganz abgesehen von unserer programmatischen Forderung, zu Friedensrichtern wegen der Herbeiführung einer Versöhnung und Verschmelzung von Volk und Recht, angesehene Laien zu machen, als Träger der

---

[1] Von Dr. Felix Clauß, dem Geschäftsführer der Gemeinnützigen Groß-Berliner Rechtsauskunftsstelle in seinem Aufsatz: „Friedensrichter-Rechtsschutzstellen" in der Deutschen Juristenzeitung 1912, S. 843—46.

Organisation für unseren Vorschlag, der eine Vereinigung von Sühneinstanz und Friedensrichter ins Auge faßt, ausscheiden.

Wir möchten vielmehr eine Übertragung der friedensrichterlichen Geschäfte an die in § 14 Ziffer 3 des Deutschen Gerichtsverfassungsgesetzes vom 27. Januar 1877 als Sondergerichte zugelassenen Gemeindegerichte befürworten. Hiernach sind aufrecht erhalten die landesgesetzlich bestellten Gemeindegerichte zur Entscheidung von vermögensrechtlichen Streitigkeiten bis zu 60 Mk. unter der doppelten Voraussetzung freilich, daß beide Parteien der nämlichen Gemeinde angehören und ihnen beiden binnen bestimmter gesetzlicher Fristen die Berufung auf den ordentlichen Rechtsweg zusteht. Die Erfolge in Württemberg und Baden, die bisher allein von allen deutschen Staaten solche Gemeindegerichte kennen, sind außerordentlich[1]. Nur einige kurze Bemerkungen: In Baden betrugen im Jahre 1909 die bei den dortigen Gemeindegerichten anhängig gemachten Prozesse 19 856, davon wurden durch Vergleich und Verzicht erledigt: 7278, durch Entscheidung 12 551. Nur ein Achtel dieser durch Urteil erledigten Sachen, nämlich 1516 wurden an das Amtsgericht durch Berufung auf den ordentlichen Rechtsweg gezogen. Von ihnen wurde aber wiederum nur etwa die Hälfte bis zum Urteil des Amtsgerichts getrieben, in der anderen Hälfte einigten sich die Parteien vorher. Von den zur Durchführung gelangten Sachen änderten die Amtsgerichte nur etwa die Hälfte der gemeindegerichtlichen Entscheidungen ab, nämlich in genau 358 Fällen. Das sind, wenn man berücksichtigt, daß wohl ausnahmslos nur wirkliche zweifelhafte Rechtsfragen bis zur amtsgerichtlichen Entscheidung gediehen, auch für die Güte und sachliche Richtigkeit der gemeindegerichtlichen Entscheidungen sprechende Zahlen.

Es ist nicht einzusehen, warum nicht der Reichsgesetzgeber die in den beiden Ländern gemachten ungemein günstigen Erfahrungen für sich verwerten solle. Sie ermuntern zur Übertragung des segensreichen Institutes durch Reichsgesetz auf das Gebiet des ganzen deutschen Reichs. Nur wäre unseres Dafürhaltens anstatt der Berufung auf den ordentlichen Rechtsweg gegen die Entscheidung des Gemeindegerichts, so daß also wie in Baden und Württemberg das Amtsgericht als 1. Instanz und dann das Landgericht als 2. Instanz

---

[1] Wegen aller Einzelheiten müssen wir — um diesen Teil unserer Arbeit nicht über Gebühr anschwellen zu lassen — auf die ausgezeichneten Arbeiten von Professor Hegler, „Das Gemeindegerichtsverfahren in Baden und Württemberg 1900" und „Gemeindegerichte" in Stengel-Fleischmanns Wörterbuch des deutschen Staats- und Verwaltungsrechts, 2. Auflage, Bd. II, S. 156—159, sowie Meinhardt, „Die Gemeindegerichtsbarkeit im Großherzogtum Baden seit 1807", 1908, verweisen.

endgültig zu entscheiden hätte, die ordentliche Berufung an das Amts=
gericht zu eröffnen, so daß dieses endgültig zu befinden hätte. Es
wäre eine ganz unnötige Verschleppung und auch Verteuerung des
Verfahrens, wenn einem böswilligen Schuldner Gelegenheit geboten
würde, die Sache vom Gemeindegericht an das Amtsgericht und von
dort an die Zivilkammer des Landgerichts zu treiben, statt der heutigen
zwei Instanzen: Amtsgericht und Landgerichts, hätten wir dann deren
drei: Friedensrichter, Amtsgericht und Landgericht, nicht eine wesent=
liche Verbesserung, sondern eher eine Verschlechterung wäre die Folge.
Anderseits erscheint uns aber auch eine Berufung gegen die gemeinde=
gerichtlichen Urteile und zwar ohne Rücksicht auf den Wert des
Streitgegenstandes als unbedingt erforderlich. Denn einmal muß
jeder Gefahr der Willkür vollkommen vorgebeugt werden, ferner aber
macht recht oft die Natur des Bagatellprozesses die Nachprüfung der
Entscheidung durch den gelehrten Richter dringend wünschenswert.
Denn oft sind in ihm schwierige Rechtsfragen zu entscheiden, die eine
gründliche rechtswissenschaftliche Vorbildung voraussetzen. Hier wird
der Friedensrichter stets nur eine mehr vorbereitende, den Streitstoff
sammelnde Tätigkeit entfalten können. Die Schwierigkeit eines Zivil=
prozesses hängt wahrlich nicht von der Höhe seines Streitwerts ab.
Die Gewährung der Berufung an das Amtsgericht ist hier im Interesse
des rechtsuchenden Publikums und zu seinem eigenen Schutze eine
dringende Notwendigkeit. Empfehlenswert dürfte es auch sein, von
vornherein in Übereinstimmung mit § 14 Ziffer 3 Ger.Verf.Ges. den
Friedensrichtern ausschließlich vermögensrechtliche Streitigkeiten
zur erstinstanzlichen Entscheidung zu überweisen. Denn alle anderen
Sachen, wie namentlich sachenrechtliche Ansprüche, insonderheit Grenz=
streitigkeiten und Streitigkeiten aus Grundgerechtigkeiten, sind er=
fahrungsgemäß in der weitaus überwiegenden Mehrzahl der Fälle auch
rechtlich derartig verwickelt, daß sie gründliche Rechtskenntnisse erheischen.

Die Kosten des Verfahrens vor dem Friedensrichter müßten
außerordentlich gering sein und würden sich am besten mit denen vor
dem Gewerbe= und Kaufmannsgericht decken, also insgesamt höchstens
etwa 3 Mk. ausmachen. Das Verfahren selbst wäre so frei und
elastisch als nur irgend möglich zu gestalten. Das wüste Paragraphen=
gestrüpp unserer Zivilprozeßordnung wäre gänzlich fernzuhalten, nur
wenige auch jedem Laien von selbst einleuchtende Grundsätze eines
jeden geordneten Verfahrens wie Anhörung beider Parteien, er=
schöpfende Verhandlung unter Verwertung der angebotenen Beweise,
Verkündung der Entscheidungen in öffentlicher Sitzung und Be=
gründungszwang für die Sprüche, müßten selbstredend eingehalten

werden. Rechtsanwälten wie allen gewerbsmäßigen Parteivertretern wäre das Auftreten gänzlich zu untersagen, das erfordert der Hauptzweck des friedensrichterlichen Verfahrens, dem Volk in Bagatellsachen eine billige und wahrhaft volkstümliche Rechtsprechung zu verschaffen.

Man mag mit dem Verfasser über die Einzelheiten seines Vorschlags rechten, insbesondere etwa die befürwortete Übertragung der friedensrichterlichen Obliegenheiten an die Gemeindegerichte ablehnen, der Grundgedanke: dem Volk muß eine billige, rasch nach seinem Rechtsempfinden und seinen Anschauungen arbeitende Bagatelljustiz verschafft werden, ist meines Erachtens eine, richtiger sogar, die Hauptforderung jeder gesunden Zivilrechtspolitik der Gegenwart und Zukunft! Sie ist unseres Dafürhaltens so wichtig, daß dagegen alle anderen Forderungen an den Zivilprozeß als von durchaus untergeordneter Natur bezeichnet werden müssen. Nur so würde unseres Erachtens die „Prozeßseuche" unseres Volks wirksam bekämpft und unendlich viele Prozesse schon im Keim erstickt werden können. Bei den Millionen von Zivilprozessen, die jährlich im deutschen Reich anhängig gemacht werden — nach dem vierten Vierteljahrsheft zur Statistik des deutschen Reichs vom Jahre 1912 wurden im Jahre 1911 bei den Amtsgerichten 2 477 310 Prozesse, bei den Landgerichten: 194 835 ordentliche Prozesse, 41 271 Wechselprozesse und 28 048 Ehe= und Entmündungsprozesse angestrengt, wozu noch (ganz abgesehen von den Mahnsachen) 74 811 Arreste und einstweilige Verfügungen bei den Amtsgerichten und deren 30 301 bei den Landgerichten hinzukommen — werden nach sehr vorsichtigen Schätzungen nur etwa drei Zehntel wirklich streitig und die weit überwiegende Zahl endigt durch Vergleich, Anerkenntnis oder Versäumnis. Welch' ungeheueren Kosten könnten hier den Schuldnern, bei ihrem Unvermögen zur Zahlung, auch den Gläubigern und der ganzen deutschen Volkswirtschaft wenigstens in Bagatellsachen bis zum Werte von etwa 60 Mk. durch den Wegfall der Notwendigkeit der Anrufung der ordentlichen Gerichte erspart werden! Heute sind sehr oft gerade in Bagatellsachen die Gerichts= und Anwaltskosten ganz bedeutend höher als die Streitsumme selbst. Daß die Beitreibung einer Summe von 2—3 Mk. 20 Mk. und noch mehr Kosten verursacht, ist ganz an der Tagesordnung, unvermeidlich aber ist dieses höchst traurige Ergebnis dann, wenn beide Parteien Rechtsanwälte zuziehen. Hier wie fast allenthalben in unserer deutschen Zivilprozeßgesetzgebung wird das oberste das ganze Wirtschaftsleben durchziehende und beherrschende Prinzip der Wirtschaftlichkeit, mit möglichst geringen Mitteln den erstrebten ökonomischen Effekt zu erzielen, geradezu kraß verletzt. Auch der Zivilprozeß aber ist ein Stück der menschlichen Gemeinwirtschaft, dient der Durchsetzung wirtschaftlicher Zwecke und unterliegt der Beurteilung nach volkswirtschaftlichen und sozialpolitischen Maßstäben.

Bis zu einer Verwirklichung dieser grundlegenden Forderung, die freilich nur durch eine völlig neue Zivilprozeßgesetzgebung wird erfolgen können, müssen die heute schon in manchen deutschen Städten für gewisse Rechtsgebiete von gewerblichen und sonstigen Verbänden ins Leben gerufenen „Einigungsämter" auf alle Weise gefördert und ausgebaut werden. Große Verdienste in dieser Hinsicht haben sich namentlich die Einigungsämter für Mietstreitigkeiten in Frankfurt a. M., Gotha, Kempten, Zittau, Solingen, Remscheid u. a. Orten erworben, desgleichen die von zahlreichen Innungen und Handwerkskammern begründeten Einigungs- und Schlichtungsämter zwecks gütlichen Beilegung der zahlreichen, fast immer äußerst kostspieligen und ärgerlichen Rechtsstreitigkeiten über die Angemessenheit der Handwerkerrechnungen zwischen Handwerkern und ihren Kunden, sowie das Einigungsamt der ältesten der Berliner Kaufmannschaft auf dem Gebiet des unlauteren Wettbewerbes. Im einzelnen auf die Organisation und Erfolge dieser „Einigungsämter" einzugehen, verbietet sich leider aus Raumrücksichten.

Eine außerordentliche Vereinfachung und Verbilligung unseres Verfahrens würde es auch bedeuten, wenn der Gesetzgeber der Zukunft sich dazu entschließen könnte, das heute nur fakultative sogenannte „Mahnverfahren" obligatorisch zu machen. Es ist ganz erheblich billiger als der gewöhnliche Zivilprozeß, wie folgende Zahlenreihen ergeben: bei einem Objekt von 1—20 Mk. betragen die Kosten beim Erlaß eines Zahlungs- und Vollstreckungsbefehles unter der Voraussetzung hier wie allenthalben im Mahnverfahren, daß ein Anwalt nicht zugezogen wird: 60 Pf., im Zivilprozeß dagegen verursacht die Erwirkung eines Urteils unter Zuziehung eines Anwalts bis zu 10,50 Mk., bei einem Objekt von 20—60 Mk. sind die entsprechenden Zahlen: 1 Mk. und 13,40 Mk., bei einem solchen von 60—120 Mk. 1,70 Mk. und 17,30 Mk., bei 120—200 Mk. 2,60 Mk. und 25,90 Mk., bei 200—300 Mk. 3,70 Mk. und 35,10 Mk., bei einem Objekt von 650—900 Mk. 8,70 und 80 Mk.

Ob der Gläubiger seinem Schuldner diese, wie man sieht ganz erheblich höheren Kosten an Gerichts- und Anwaltsgebühren verursachen will, hängt heute ganz von seinem Belieben ab, will er ihn recht vexieren und schikanieren, so läßt er ihn durch einen Rechts=

anwalt verklagen, obwohl er genau weiß, daß der Schuldner die Forderung selbst gar nicht bestreitet, sondern sich etwa nur in einer vorübergehend schwierigen Lage befindet. Obwohl der Gläubiger durch Einschlagung des weit billigeren Weges genau das gleiche Ziel erreichen konnte — denn der auf Antrag des Gläubigers nach Ablauf der Widerspruchsfrist für vorläufig vollstreckbar erklärte Zahlungsbefehl steht einem vollstreckbaren Versäumnisurteil gleich —, muß doch der Schuldner alle Mehrkosten aus seiner Tasche tragen. Zur Entschuldigung der Gläubiger kann und muß freilich angeführt werden, daß das Mahnverfahren heute noch entschieden zu schleppend und schwerfällig gestaltet ist und auf den Schuldner übertriebene Rücksichten nimmt. Zunächst ist für wirklich eilige Sachen die dem Schuldner heute zur Vorbringung seines Widerspruchs gegen den Zahlungsbefehl eingeräumte Frist von einer Woche viel zu lang, in amtsgerichtlichen Sachen wenigstens — also in der weitaus größten Zahl aller Fälle — würde der Gläubiger auf seinen Wunsch einen weit näheren Termin zur mündlichen Verhandlung bei Beschreitung des ordentlichen Klagewegs erlangt haben können als er ihn nun zufolge der Erhebung des Widerspruchs des Schuldners erlangt. Während bei amtsgerichtlichen Prozessen die seit Zustellung der Klage und der ersten mündlichen Verhandlung liegende „Einlassungsfrist" allerhöchstens eine Woche beträgt und auf Antrag des Klägers stets bei Eilfällen bis auf wenige Stunden abgekürzt werden kann, so dauert es unter Umständen, wenn der böswillige Schuldner erst am letzten Tage der einwöchentlichen Widerspruchsfrist Widerspruch erhebt, leicht 10—11 Tage — anstatt 10—11 Stunden wie bei der Klagerhebung — bis zur ersten mündlichen Verhandlung. Das ist ein schwerer Übelstand, den böswillige, raffinierte Schuldner zur Verschleppung der Sache, leicht sich zunutze machen. Es ist ferner heute mißlich für den Gläubiger, daß der Schuldner auch dann, wenn er gegen den Zahlungsbefehl keinen Widerspruch erhebt, immer noch gegen den auf Antrag des Gläubigers dann zu erlassenden „Vollstreckungsbefehl" Einspruch erheben kann. Unseres Erachtens muß der Zahlungsbefehl nach Ablauf der einwöchentlichen Widerspruchsfrist ohne weiteres vollstreckbar werden und zwar endgültig, ohne daß dem Schuldner noch irgendein Rechtsbehelf gegen ihn zustünde. Das ist heute schon in Österreich nach Nr. 67 des Gesetzes vom 27. April 1873 Rechtens, nur beträgt die Widerspruchsfrist viel zu lange, volle 14 Tage, auch ist der Zahlungsbefehl nur bei Objekten bis zu 400 Kronen zulässig. Heute ist man bei uns in vermögensrechtlichen Angelegenheiten vorsichtiger als in Strafsachen, denn hier erlangt der bei Übertretungen und geringfügigen Vergehen zulässige amtsrichterliche Strafbefehl nach Ablauf der einwöchentlichen Frist ohne weiteres die Wirkung eines rechtskräftigen Strafurteils, dort aber kann der ihm ganz analoge Zahlungsbefehl noch binnen einer weiteren Woche durch Einspruch angefochten werden. Wenn also der Gesetzgeber der Zukunft, wie wir es in Übereinstimmung mit den bedeutenden Zivilprozessualisten wie Friedrich Stein, Zur Justizreform, S. 97 und Peters, Zur Prozeßbeschleunigung, S. 9 fordern, dem Gläubiger die Beschreitung des Mahnverfahrens bei allen vermögensrechtlichen Ansprüchen vorschreiben soll, so erfordert es umgekehrt auch die ausgleichende Gerechtigkeit, daß der Anreiz hierzu ganz wesentlich gegenüber dem heutigen Recht erhöht werde, und das läßt sich nur erreichen durch Erfüllung der beiden oben ausgeführten Wünsche. Notwendig wäre ferner eine Vorschrift dahingehend, daß es nicht mehr wie heute genüge, wenn der Schuldner einfach Widerspruch gegen den Zahlungsbefehl erhebe, sondern auch die Begründung dafür kurz angeben müsse. Mit Erhebung des Widerspruchs müßte ferner ohne weiteres der so bestrittene Anspruch in das ordentliche Verfahren als übergeleitet anzusehen sein, die Sache also bei einem Wert von mehr als 600 Mk. beim Landgericht, sonst beim Amtsgericht anhängig sein. Trifft man im Interesse einer beschleunigten Durchsetzung des Anspruchs alle diese Maßnahmen, so ist eigentlich kein stichhaltiger Grund ersichtlich, warum man nur für unstreitige Sachen, wie es Lobe[1] vorschlägt, das Mahnverfahren obligatorisch gestalten will, ganz abgesehen von dem Bedenken, daß nicht immer einer Sache gleich von vornherein anzusehen ist, ob sie streitig werden wird oder nicht. Heikel ist die sehr wichtige Frage, ob dem etwa vom Gläubiger zur Erwirkung des Zahlungsbefehles zugezogenen Rechtsanwalt der Schuldner seine gerade in Bagatellsachen verhältnismäßig recht erheblichen Gebühren zu erstatten verpflichtet sei oder nicht. Nach heutigem Recht ist er es stets, ohne daß das Gericht irgendwie die Notwendigkeit oder Zweckmäßigkeit seiner Zuziehung nachprüfen dürfte. Lobe a. a. O. und Martin Bürgel[2] wollen jede Erstattungsfähigkeit selbst dann wenn der Zahlungsbefehl über eine noch so hohe Summe lautet, ausschließen. Diese Forderung geht unseres Erachtens zu weit und

---

[1] In seinem eingangs erwähnten Vortrag D. R. Z. 1913, Sp. 718.

[2] In seiner Abhandlung: „Schuldnernot, Stundungsämter und Friedensgerichte", Deutsche Richterzeitung 1913, S. 49 ff.

schießt über das Ziel hinaus. Für Bagatellsachen mag sie zur Erreichung des Ideals einer billigen Rechtspflege begründet sein — nach unserer Kardinalforderung wird dieses Ideal durch die eingehend erörterte Einführung von „Friedensrichtern" erreicht, und nur für Nichtbagatellsachen fordern wir das obligatorische Mahnverfahren — aber warum im Mahnverfahren bei ganz erheblichen Streitwerten der Gläubiger seinen Anwalt stets aus eigener Tasche bezahlen solle, ist nicht recht einzusehen.

Der Erlaß der Zahlungsbefehle könnte ruhig in Zukunft nicht richterlichen Beamten, etwa den fast bei jedem Amtsgericht mehr oder weniger zahlreich zu ihrer Ausbildung beschäftigten Referendaren oder bei ihrer etwaigen Ermangelung den Gerichtssekretären übertragen werden. Nach nochmaliger Prüfung der Sachlage kann ich bei meinen früher geltend gemachten[1] Bedenken nicht mehr beharren. Meistens handelt es sich bei der Prüfung des Erlasses des Zahlungsbefehles um ganz einfache Verhältnisse des täglichen Lebens, wirkliche Rechtsfragen tauchen äußerst selten auf und könnten durch mündliche Rücksprache des Referendars oder Gerichtssekretärs mit dem Amtsrichter leicht erledigt werden.

Durch die vorgeschlagene Regelung würden wir dem Ideal der schleunigen, billigen, einfachen und so gut wie formlosen Rechtspflege weiter um ein gewaltiges Stück näher kommen, ungeheuer hohe, jährlich in die Dutzende von Millionen gehende Kosten würden erspart und könnten wahrhaft produktiv in der deutschen Volkswirtschaft verwendet werden, viel wertvolle richterliche Arbeitskraft könnte ihrer eigentlichen Aufgabe, der Rechtsprechung, in wirklich streitigen Rechtsfragen zugeführt werden, eine Siebung der unstreitigen von den streitigen Sachen könnte eintreten.

Nur im Vorbeigehen sei auf die heute schon unter der Herrschaft des geltenden Rechts sich vollziehende hoch erfreuliche von Jahr zu Jahr steigende Beliebtheit des Mahnverfahrens hingewiesen. Im Jahre 1909 waren bei allen deutschen Amtsgerichten anhängig: 2 136 594 Mahnsachen, 1910: 2 313 696, 1911: 2 659 982, 1912: 3 076 203. Also in 4 Jahren nur wegen einer ganz geringfügigen Änderung unserer Gesetzgebung zu Gunsten der Gläubiger von fast rein technisch-juristischer Bedeutung, ein fast lawinenhaftes Anschwellen der Zahlungsbefehle um fast 900 000 oder fast 40 %. Nach diesem

---

[1] Vgl. „Der Ausbau unseres Mahnverfahrens" in D. R. Z. 1913, Sp. 336 ff.

glänzenden Erfolg einer kleinen unbedeutenden Gesetzesänderung darf unser Vorschlag nicht als zu kühn bezeichnet und mit dieser Begründung als utopisch abgelehnt werden.

Ungemein segensreich für die außergerichtliche wie gerichtliche Einziehung von Forderungen wirken auch die in zahlreichen deutschen Städten von kaufmännischen und gewerblichen Verbänden geschaffenen „Einziehungsämter" auf genossenschaftlicher Grundlage. Sie vereinfachen[1] die Einziehung der nichtstreitigen Forderungen für unsere Geschäftswelt außerordentlich. Die mit ihnen gemachten Erfahrungen sind fast ausnahmslos recht günstig. „Sie sind Gebilde der Selbsthilfe außerhalb der staatlichen Machtbetätigung, vergleichbar der Anwendung eines alten bewährten Hausmittels ohne Konsultation des Arztes. Deshalb sind sie vom Staate nach Kräften zu fördern; sie verhindern das Umsichgreifen des Krankheitsstoffes und entlasten die Tätigkeit des Staates bei Erfüllung seiner Aufgabe, für Durchsetzung des befriedigungsbedürftigen Rechtes zu sorgen[2]."

Eine bringende Forderung der Gesetzgebungspolitik bildet unseres Erachtens auch die Einführung eines gerichtlichen Präventivakkordes zur Abwendung des Konkurses[3]. Welche gewaltigen Verluste die Konkurse den von ihnen Betroffenen und der ganzen deutschen Volkswirtschaft zufügen, ist bekannt. Ein einziger großer Konkurs kann Verkehrsstockungen in einer ganzen Industriebranche herbeiführen und zahlreichen Arbeitern und Geschäftsleuten lohnenden Verdienst entziehen. Ausgezeichnet schildert die ganze Kette des Niedergangs Dr. Joerissen in seiner (leider nicht im Buchhandel befindlichen) Denkschrift „Der Zwangsvergleich außerhalb des Konkurses oder der Schuldnachlaß" S. 5: „Mit fast immer trügerischen Hoffnungen wartet der Schuldner auf bessere Zeiten und sucht zunächst nach allen möglichen anderen Auswegen, wodurch er nicht selten auf Abwege gelangt. Alsbald beginnen die kostspieligen gerichtlichen Klagen der Gläubiger (erste Verlustquelle). Durch Verkäufe zu Ausnahmepreisen, durch Lombardieren, durch Zwangsverkäufe wird noch einiges Bar-

---

[1] Nach dem von Landgerichtsrat Dr. Mangler in seiner Aufsatzreihe „Das Schuldeneinziehungswesen der Geschäftswelt in der Praxis" (D. R. Z. 1913, S. 651, 689, 836, 873, 920) mitgeteilten erschöpfenden Materiale. Vgl. auch den zusammenfassenden Aufsatz des Verfassers „Zentralisierte Schuldeneinziehung", ebenda 1915, S. 144 ff.

[2] Lobe, a. a. O. S. 718.

[3] Hierüber vgl. die soeben erschienene fleißige und saubere, alles Material zusammenfassende Arbeit von Dr. Hans Tischbein, „Der gerichtliche Zwangsvergleich außerhalb des Konkurses", 1914.

geld verschafft, um das Dringendste zu bezahlen (zweite Verlustquelle). Da der Kredit beim bisherigen Lieferanten versagt, werden neue Verbindungen angeknüpft. Zunächst liegt noch eine gute Auskunft vor, dann sickert langsam etwas durch. Die Auskünfte mahnen zur Vorsicht. Den Lieferanten müssen bereits höhere Preise bezahlt werden. Es entstehen die bekannten erstmaligen Lieferanten. Nun kommt die Geld- bzw. Warenbeschaffung gegen Sicherungsvertrag zugunsten des Lieferanten (vierte Verlustquelle). In den anhängigen Klagen werden Einwände gesucht zum Hinausziehen des Urteils. Durch die Inhaber der Sicherungsverträge treten Interventionsklagen hinzu (fünfte Verlustquelle). Fruchtlose und nutzlose Pfändungen verursachen weitere Kosten (sechste Verlustquelle). Die böswilligen Schuldner verschieben und verbringen die ganze Masse, um die Konkurseröffnung zu hintertreiben, die ja mangels Masse unterbleibt (siebente Verlustquelle). Die Konkurseröffnung bedingt eine starke Massenentwertung (achte Verlustquelle). Die Konkursverkäufe oder der Übergang der Ware an Ramschgeschäfte, welche sie zu Schundpreisen verschleudern, schädigen dauernd die regulären Geschäfte auf das Empfindlichste (neunte Verlustquelle). Last not least bringen die hohen, durchschnittlich 10—11% der zur Verteilung kommenden Summen betragenden Kosten und die lange Dauer der Konkurse große Ausfälle (zehnte Verlustquelle)." Dahinzu kommt die infamierende Wirkung der Konkurseröffnung, die gerade den ohne eigenes persönliches Verschulden durch die Ungunst der Konjunktur des Marktes in Konkurs geratenen Schuldner besonders schwer trifft. Die an sich in thesi bestehende Möglichkeit eines Privatvergleichs des in Zahlungsschwierigkeiten geratenen Schuldners mit seinen Gläubigern führt so gut wie ausschließlich eine papierne Existenz, denn der Widerspruch auch nur eines einzigen Gläubigers genügt vollkommen, um ihn scheitern zu lassen[1]. Welcher Grund den widersprechenden Gläubiger bei seinem Verhalten bewegt, ist ganz belanglos, stat pro ratione voluntas. An der Verhütung solcher schwerer Schläge für den einzelnen und die ganze Volkswirtschaft hat aber der Staat das dringendste Interesse. Es ist ein durchaus gesunder Gedanke, daß die Gläubiger sich auch außerhalb des Konkurses, wenn einmal der Schuldner nicht mehr zu ihrer aller gleichmäßigen Befriedigung in der Lage ist, alle solidarisch fühlen und nicht der eine dem anderen durch möglichst fixe Klagerhebung und Pfändung vorzukommen sucht.

---

[1] Vgl. das sehr illustrative Beispiel von Joerissen in der Deutschen Richterzeitung 1913, S. 419.

Hier muß unter Leitung des Amtsgerichts nach genauer Prüfung der Sachlage unter Zuziehung von Gläubigern dem unverschuldet in Zahlungsschwierigkeiten geratenen Schuldner ein Generalmoratorium bewilligt werden. So würden gar manche bisher selbständige wirtschaftliche Existenzen vor dem völligen Zusammenbruch und Untergang gerettet werden. Das Geschäft müßte unter ständiger Kontrolle eines Gläubigerausschusses weitergeführt und die Erträgnisse bis zur Tilgung der Schulden an die Gläubiger abgeführt werden. Auf die Einzelheiten einzugehen ist hier nicht der Ort; hierfür sei verwiesen auf die erwähnten Arbeiten von Joerissen und Tischbein, ferner auf die Abhandlung Martin Bürgels „Stundungsämter", Schmollers Jahrbuch 1912 S. 69 f., nur der Grundgedanke war hier als ein Grund- und Eckstein bei Erneuerung des deutschen Rechtsgebäudes der Zukunft zu erwähnen. In zahlreichen Staaten des Auslandes ist der Gedanke bereits verwirklicht, so in Österreich, Großbritannien, Belgien, Frankreich, Luxemburg, Italien, der Schweiz, Dänemark, Norwegen, Portugal, Spanien, in Holland, Japan, Südaustralien und einer Anzahl südamerikanischer Staaten. Auch unsere alten deutschen Landesrechte kannten vor Einführung der Reichskonkursordnung den gerichtlichen Präventivakkord, ja einige schrieben ihn sogar obligatorisch vor[1]. Auch in Deutschland selbst gewinnt der Präventivakkord immer mehr Anhänger und begeisterte Freunde sowohl in den Kreisen der Wissenschaft wie in denen des Erwerbslebens. Gelehrte von der Bedeutung eines Jäger, Kohler, Kisch befürworten ihn warm, der deutsche Handelstag vom 15. Februar 1905 und fast alle größeren deutschen Handelskammern, der deutsche Anwaltstag vom 13. und 14. September 1905 in Hannover, der Verband der Vereine Kreditreform und zahlreiche andere große gewerbliche Verbände sowie neuestens der deutsche Reichstag in seiner Resolution vom 8. Februar 1913 sind für ihn eingetreten. Nach der amtlichen Erklärung des Staatssekretärs Dr. Lisko nehmen die verbündeten Regierungen z. Z. eine wohlwollend neutrale Haltung gegenüber dem Problem ein, es soll geprüft werden, inwiefern es möglich ist, den Wünschen des Reichstags nachzukommen. Die frühere grundsätzliche Gegnerschaft besteht demnach nicht mehr. Der Fortschritt ist also unverkennbar auf dem Marsche.

In gleicher Richtung würde es liegen, wenn unserem deutschen

---

[1] Motive zur Reichskonkursordnung II, S. 431 und 468 sowie Anlagenband I dazu, S. 53 u. 54.

Richter ähnlich wie in England die Befugnis eingeräumt würde, wirtschaftlich schwachen Schuldnern Stundungen und Zahlungsfristen zu bewilligen. Die außerordentlichen Vorteile eines solchen Systems sind von Bartsch v. Sigsfeld so überzeugend nachgewiesen worden[1], daß ein kurzer Hinweis an dieser Stelle völlig genügt.

Eine weitere Vereinfachung und Beschleunigung des Verfahrens würde es auch bedeuten, wenn man in Zukunft aus allen von einem Notar protestierten Wechseln ohne weiteres die Zwangsvollstreckung zulassen würde, wozu soll aus einem solchen Wechsel erst noch besonders geklagt oder ein Zahlungsbefehl im Mahnverfahren erlassen werden müssen? In fast allen Fällen handelt es sich um liquide unstreitige Ansprüche aus Warenlieferungen; zur Geltendmachung etwaiger Einreden aus dem materiellen, dem Wechsel zugrunde liegenden Rechtsgeschäft mag dem Schuldner ein Nachverfahren eingeräumt werden. Höchst bedenklich dagegen erscheint der Vorschlag Lobes, aus allen Wechseln, auch den vom Postboten oder Gerichtsvollzieher aufgenommenen, ohne weiteres die Zwangsvollstreckung zuzulassen; denn diesen juristisch nicht geschulten Protestbeamten können bei Erhebung des Protestes doch zu leicht Formverstöße unterlaufen.

Wir sind am Ende unserer kurzen Betrachtungen über Prozeßverhütung und Beitreibung unstreitiger Forderungen; wir gehen über zur kritischen Besprechung des eigentlichen Streitverfahrens, für das allein „eine ökonomisch mit den Kräften des Staates umgehende Prozeßordnung die richterliche Tätigkeit in Anspruch nehmen sollte"[2]. Gerade hier auf diesem Gebiete ertönen die Klagen des Volkes, der Geschäftswelt und nicht zuletzt der Juristen selber, der Theoretiker wie der Praktiker, wenigstens sehr zahlreicher Richter — die Rechtsanwälte sind freilich aus noch weiter unten klarzulegenden Gründen mit der heutigen Gestaltung des Verfahrens fast ausnahmslos sehr zufrieden — fast von Jahr zu Jahr lauter! Langsamkeit, Schwerfälligkeit, öde Prinzipienreiterei, unverständlicher Formalismus und Kostspieligkeit des Streitverfahrens sind die Hauptvorwürfe, die erhoben werden. Sie sind, wie wir sehen werden, wahrlich nicht unbegründet! Wahrhaft erschreckend ist — das kann gar nicht geleugnet werden — die Langsamkeit unseres Verfahrens. Die Statistik spricht auch hier für jeden, der

---

[1] In diesem Jahrbuch 1913: Die britische Kleinjustiz in Zivilsachen und ihre Lehren für Deutschland, S. 204 ff.

[2] Lobe, a. a. O. S. 722.

hören und sehen will, eine beredte Sprache. Die Verlangsamung der Prozesse nimmt bei uns im Deutschen Reiche immer mehr zu. Im Jahre 1888[1] wurden noch 57% aller durch kontradiktorisches Endurteil erledigten Prozesse in weniger als sechs Monaten erledigt, 1909 dagegen nur noch 47,9%. Länger als ein volles Jahr von allen durch streitiges Urteil erledigten Sachen dauerten 1888 15,4%, 1909 dagegen bereits 20,9%. Besonders im argen liegen in dieser Hinsicht die Verhältnisse an den Oberlandesgerichten. Im Jahre 1888 betrug die Zahl der durch streitiges Urteil in weniger als sechs Monaten erledigten Sachen: 54,6%, im Jahre 1909 dagegen nur 42%. Dagegen stieg der Prozentsatz der mehr als ein volles Jahr bis zu ihrer Erledigung durch Endurteil beanspruchenden Sachen an diesen Gerichten im gleichen Zeitraum von 15,5 auf 23,6%. Damit vergleiche man die Ergebnisse der österreichischen Zivilrechtsstatistik[2]. Im Jahre 1909 wurden von den durch Urteil oder Vergleich vor den Kollegialgerichten beendigten Urteilen fast die Hälfte, nämlich 42,6% binnen Monatsfrist erledigt, 31,9% in einem Zeitraume von 1—3 Monaten, 16,5% dauerten mehr als 3—6 Monate, 7,4% mehr als 6 Monate bis zu 1 Jahr und nur der winzige Prozentsatz von 1,6 länger als ein Jahr. Für das Verfahren vor den dortigen Oberlandesgerichten ergeben sich noch weit günstigere Zahlen für die Prozeßdauer. 70,3% dauerten bis zu 1 Monat, 27,2% über 1 Monat bis zu 3 Monaten, 1,7% über 3—6 Monate und nur 0,8% mehr als 6 Monate. Das sind geradezu staunenswerte Zahlen, so daß man versucht ist, auszurufen: Tu felix Austria judica!

Woran liegen diese glänzenden Ergebnisse der auch sachlich in ihren Urteilen sich einer allgemeinen Beliebtheit bei der österreichischen rechtsuchenden Bevölkerung erfreuenden Rechtsprechung? Steht etwa der dortige Richterstand auf einer höheren wissenschaftlichen Stufe, verfügt er über tiefere Rechtskenntnisse und ist ihm etwa eine höhere geistige allgemeine Bildung zu eigen als seinem deutschen Berufsgenossen? Eine solche Behauptung wird schwerlich gerechtfertigt werden können, der Ausbildungsgang und die Höhe des wissenschaftlichen Niveaus des Richtertums beider Länder ist im wesentlichen genau das gleiche. Die gewaltige Verschiedenheit der Zahlen erklärt sich aus ganz anderen Gründen, nämlich aus der Verschiedenheit der

---

[1] Reichsgerichtsrat Neukamp, „Wie ist den hauptsächlichsten Klagen des Volkes über den Zivilprozeß abzuhelfen." D. Jur. Z. 1913, S. 1007.

[2] Derselben Quelle entnommen.

Zivilprozeßgesetzgebungen. Der österreichische Zivilprozeß, das Erzeugnis des genialen österreichischen Justizministers Franz Klein, ist auf eine straffe Konzentration des Verfahrens wie zugeschnitten, er ist klar, einfach, durchsichtig und erstrebt in erster Linie Beendigung des Rechtsstreits in möglichst kurzer Zeit, die absolute Herrschaft der Parteien über den Fortgang des Prozesses oder richtiger ihrer Anwälte, ist völlig ausgeschaltet. Genau das Gegenteil muß von unserer heutigen Reichszivilprozeßordnung gesagt werden: Schwerfälligkeit, Langsamkeit, öde Prinzipienreiterei, die in ihren äußersten Konsequenzen selbst für den geschulten Juristen eine wahre Fundgrube von Fallstricken bildet, kennzeichnen ihn. Öde Prinzipienreiterei bildet namentlich die starre Durchführung des „Prinzips der Mündlichkeit", wonach jedes deutsche Gericht, einerlei, ob Amtsgericht oder Landgericht oder Oberlandesgericht, nur das berücksichtigen darf, was ihm mündlich in der Verhandlung von den Parteien vorgetragen wird. Danach genügt es also z. B. nicht, daß eine noch so sorgfältig und erschöpfend abgefaßte Klagschrift, sagen wir die eines süddeutschen Kaufmanns aus Augsburg, beim Amtsgericht Königsberg auf Zahlung einer Warenschuld in Höhe von 600 Mk. eingeht, um den Kläger beim Ausbleiben des Beklagten zum Antrag auf Erlaß eines Versäumnisurteils gegen ihn zu berechtigen, nein er muß sich erst einen Prozeßbevollmächtigten nehmen, damit dieser dem Amtsgericht den Inhalt der Klagschrift, die das Amtsgericht bereits bei seiner Gerichtsakte besitzt, vorzutragen. Das seltsame Prinzip beruht scheinbar auf der Voraussetzung, daß die Richter Geschriebenes zu lesen nicht imstande seien. Gewiß ist es unleugbar in schwierigen und verwickelten Sachen sehr vorteilhaft durch mündliche Rede und Gegenrede eine bessere Aufklärung des Prozeßstoffes herbeizuführen, aber was hier segensreich und ungemein zweckmäßig wirkt, bedeutet bei klaren und einfachen Tat- und Rechtsfragen eine ungemeine Verteuerung und Verschleppung des Verfahrens. Gerechtfertigt werden kann unseres Erachtens nur ein gemischt schriftlich-mündliches Prinzip in der Weise, daß zunächst das Verfahren in bürgerlichen Rechtsstreitigkeiten rein schriftlich ist, b. h. daß die zugestellte Klagschrift den Kläger beim Ausbleiben des Beklagten zum schriftlichen Antrag auf Erlaß des Versäumnisurteils ermächtigt, daß aber in besonderen Fällen entweder schon auf Antrag einer Partei oder auf Anordnung des Gerichtes, wenn dieses es zur besseren Aufklärung für notwendig oder auch nur zweckmäßig befindet, die mündliche Verhandlung stattfindet. Die Hauptgründe für die lange Dauer unserer reichsdeutschen Zivilprozesse erblicken wir aber in der ganz doktrinären und rigorosen Überspannung des zweiten sogenannten „großen" Prinzips unseres Zivilprozesses, nämlich des der Einheit der mündlichen Verhandlung, sodann in der mangelhaften Aufklärung des dem Rechtsstreit zugrunde liegenden Tatbestands, richtiger Sachverhalts und endlich in der unbedingten Parteiherrschaft über den ganzen Verlauf des Verfahrens. Die drei bedingen und verschlingen sich gegenseitig. Die Grundlage für den ganzen Aufbau unseres bürgerlichen Streitverfahrens bildet der Grundsatz, richtiger die Fiktion, der Rechtsstreit bilde ein einheitliches, unteilbares Ganzes. Bis zum letzten Augenblick können bei uns die Parteien, von ganz wenigen Ausnahmen namentlich beim sogenannten „vorbereitenden Verfahren in Rechnungssachen" abgesehen, ihr tatsächliches Vorbringen ganz nach Belieben wechseln, neue Behauptungen vortragen und dadurch jeden Prozeß endlos in die Länge ziehen[1]. Daß hiermit der groben Nachlässigkeit und der Schikane böswilliger Parteien Tür und Tor geöffnet ist, wird kaum in Abrede gestellt werden und wird weithin anerkannt. Nun versucht zwar schon unser heutiges Recht, dem Gericht gegen solche unlautere Prozeßtaktik einige Schutzwaffen in die Hand zu geben, aber daß sie völlig schartig sind, sollte nicht bezweifelt werden. Zunächst kann das Gericht, wenn durch das nachträgliche Vorbringen eines Angriffs- oder Verteidigungsmittels oder bei nachträglicher Benennung eines Zeugen oder Sachverständigen der obsiegenden Partei, die nach freier richterlicher Überzeugung in der Lage war, schon früher ihr Vorbringen geltend zu machen, die Prozeßkosten ganz oder teilweise auferlegen. Die offensichtliche Lücke dieser Gesetzesbestimmungen, die nur vom „obsiegenden" aber nicht vom „unterliegenden" Teile (und gerade diesem wird es um eine Verschleppung zu tun sein) reden, sucht nun der § 48 des Deutschen Gerichtskostengesetzes auszufüllen, der das Gericht zur Erhebung einer vollen Gebühr von Amtswegen, also ohne Parteiantrag ermächtigt, „wenn durch nachträgliches Vorbringen von Angriffs- oder Verteidigungsmitteln, Beweismitteln oder Beweiseinreden, welche zeitiger erfolgen konnten, die Erledigung des Rechtsstreits verzögert worden ist." Die gleiche Befugnis räumt der nämliche Paragraph dem Gericht auch dann ein, wenn durch Verschulden einer Partei oder ihres Prozeßbevollmächtigten die Vertagung einer mündlichen

---

[1] Vgl. § 278 Z.P.O. „Angriffs- und Verteidigungsmittel, Einreden, Widerklagen, Repliken usw. können bis zum Schlusse derjenigen mündlichen Verhandlung, auf welche das Urteil ergeht, geltend gemacht werden."

Verhandlung oder die Anberaumung eines Termins zur Fortsetzung der mündlichen Verhandlung veranlaßt wird. Aber auch diese zunächst äußerst wirksam erscheinende Waffe versagt einer schikanösen Partei gegenüber vollkommen. Einer Partei, die durch verspätetes Vorbringen eines Rechtsbehelfes einen für sie günstigen Ausgang des Rechtsstreits erhofft oder auch nur ihren Gegner stark ärgern will, kommt es auf einen Kostennachteil weiter gar nicht an, sie rechnet — und in der Mehrzahl der Fälle wohl auch ganz richtig — damit, daß der Vorteil in der Sache den Kostennachteil weit überwiegt. Ferner versagt das Mittel vollständig gegenüber einer armen Partei, und das sind gerade die hartnäckigsten und skrupellosesten Prozeßführer. Auch kann durch eine Verlegung des Termins im beiderseitigen Einvernehmen die Vorschrift völlig illusorisch gemacht werden. Endlich, wenn kein anderes Mittel mehr verfangen will, läßt sich die verschleppungssüchtige Partei „kontumazieren", d. h. sie entfernt sich, und der Gegner erwirkt gegen sie ein Versäumnisurteil mit dem Erfolg, daß der Säumige kurz vor Ablauf der Einspruchsfrist Einspruch gegen das Versäumnisurteil erhebt, und dann kann die ganze Verhandlung wieder von neuem losgehen, das Ziel der Verschleppung ist, wenn auch mit einigem Kostenaufwand, erreicht, aber immerhin, es ist erreicht und dazu noch um die Hälfte billiger, als wenn die Prozeßstrafe aus § 48 des Gerichtskostengesetzes verhängt worden wäre. Denn diese beträgt eine volle Gebühr, für die Einlegung des Einspruchs aber wird nur die Hälfte der Gebühr erhoben. Völlig schartige Waffen sind aber die auf dem Papiere sehr schön lautenden Vorschriften der §§ 279, 374 und 402 Z.P.O., wonach auf Antrag eine Partei mit neuen Verteidigungsmitteln und neuen Zeugen über dieselben Behauptungen, über die bereits ein Beweis erhoben worden ist, dann zurückgewiesen werden kann, wenn durch deren Zulassung die Erledigung des Rechtsstreits verzögert würde und das Gericht die Überzeugung gewinnt, daß die Partei in der Absicht den Prozeß zu verschleppen oder aus grober Nachlässigkeit die Verteidigungsmittel nicht früher vorgebracht oder die Zeugen und Sachverständigen nicht früher benannt hat. In Anwaltsprozessen führen diese Bestimmungen nur eine durchaus papierne Existenz. Schon die Rücksicht auf die vermeintlich gebotene Kollegialität, dazu die Besorgnis, in ähnlichen Fällen einmal früher oder später der gleichen, wohlwollenden Rücksicht zu bedürfen, hält den Anwalt von der Stellung eines solchen Antrags ab. „Clericus clericum non decimat." Auch wird den Anwalt der nicht säumigen Partei die durchaus zutreffende Erwägung von der Stellung eines Antrags auf Zurückweisung des Vorbringens abhalten, daß die gegnerische Partei das zurückgewiesene Material einfach in der Berufungsinstanz vortragen werde, was ihr nach Lage der heutigen Gesetzgebung in vollstem Umfang freisteht. Man sieht, ohne wesentliche Gefährdung oder Beeinträchtigung kann jede Partei bis zum letzten Augenblick noch beliebig neues Streitmaterial herbeitragen und unter Beweis stellen. Der Gang des Rechtsstreits entbehrt der festen geschlossenen Form, ohne wohlgegliederte Abschnitte bewegt er sich langsam nur, schwerfällig weiter fort und „rücket sachte nur von Ort zu Ort", lange Pausen, auf deren Einschränkung das Gericht kaum irgendwelchen Einfluß ausüben kann, schieben sich zwischen die einzelnen Termine. Ad libitum, ohne nur zur vorherigen Mitteilung an das Gericht irgendwie verpflichtet zu sein, können die Parteien die Aufhebung der Termine vereinbaren und ebenso, daß das Verfahren ruhen solle, §§ 227 und 251 Z.P.O. In diesem Verlegen der Termine sind die Parteien und ihre Prozeßbevollmächtigten vollständig souverän. Recht oft erfolgen auch diese Verlegungen nicht aus sachlichen Erwägungen, sondern nur weil der eine Partei vertretende Rechtsanwalt durch zahlreiche andere Sachen an der Wahrnehmung des einen Termins verhindert ist. So kann es vorkommen und kommt auch häufiger vor, daß erst lange Monate nach Einreichung der Klage beim Gericht oder nach Eingang der Berufung die Sache zur ersten Verhandlung gelangt. Das ist ein Nachteil, und zwar ein recht erheblicher, der neben vielen anderen grundsätzlichen Erwägungen, die noch weiter unten in anderem Zusammenhang anzustellen sein werden, gegen den heutigen unbedingten Anwaltszwang vor den Kollegialgerichten spricht. Die Parteien selbst aber verstehen dann gar nicht, wie die Verzögerung in der Erledigung ihrer Prozesse zu erklären sei und schieben die Schuld daran ausschließlich den Gerichten zu; daß diese fast völlig ohnmächtige Marionetten sind, Automaten, Spieluhren, die erst in Tätigkeit treten dürfen, wenn sie von den Anwälten aufgezogen werden, ahnen oder wissen die allerwenigsten von ihnen! Gründliche Abhilfe kann hier nur eine Radikalkur schaffen, nämlich Einführung eines **weitgehenden richterlichen Prozeßleitungsrechts** und zugleich Zerlegung des ganzen Rechtsganges in fest gegliederte, sich streng aufeinanderfolgende Abschnitte, mit anderen Worten: Zurückkehr zur alten gemeinrechtlichen sogenannten „**Eventualmaxime**". Gegen die Forderung der richterlichen Prozeßleitung sucht man das rechtsuchende Publikum dadurch grauslich zu machen, daß man dies als eine unerträgliche Bevormundung der rechtsuchenden Bevölkerung, als Ausfluß eines überheblichen Bureaukratismus, „Judexismus" oder wie sonst alle die mehr oder minder geschmackvollen Wortbildungen lauten mögen, Zeichen der polizeistaatlichen Gesinnung des aufgeklärten Absolutismus bezeichnet. Mit Überlegenheit weist man darauf hin, daß die Anhänger der Forderung einer richterlichen Prozeßleitung ganz den Unterschied von Zivilprozeß und Strafprozeß übersähen, daß es sich in jenem nur um Wahrung und Durchsetzung reiner **privatrechtlicher** Ansprüche, um Mein und Dein handele, daher die Parteien und nur sie über das materielle Recht selbst und den Verlauf des Rechtsstreits entscheidend zu bestimmen hätten. Hieran ist nur soviel richtig, daß zweifellos der Partei die Verfügung über das den Gegenstand des Zivilprozesses bildende **materielle** Recht zusteht und damit auch die gerichtliche Anhängigmachung, Verzicht, Vergleich. Weiter aber geht ihr Recht nicht. Die Organe, die über die Rechtsstreitigkeiten zu entscheiden haben, bestimmt der Staat und er allein, ebenso darf nur er die **Formen und den Gang** des Streitverfahrens bestimmen, und zwar unter Berücksichtigung des allgemeinen Wohls und des allgemeinen Besten. Denn auch der Zivilprozeß ist eine allgemeine Wohlfahrtseinrichtung und verfolgt sozialpolitische Zwecke, er ist im weitesten Sinne ein Stück der öffentlichen Verwaltung. Die Einzelinteressen müssen auch hier gegenüber den Anforderungen des allgemeinen Wohls, der Gesamtheit, zurücktreten, auch auf diesem Gebiete, fast seinem letzten Schlupfwinkel, muß der Geist des öden Manchestertums mit Stumpf und Stil ausgerottet werden. Er aber ist es, der die grundlegenden Bestimmungen unserer Zivilprozeßordnung beherrscht und erklärt, entstand doch das Gesetz Mitte der 70er Jahre des vorigen Jahrhunderts als der wirtschaftliche und soziale Liberalismus, fast möchte man sagen: „Libertinismus" in seiner vollsten Blüte stand.

Heute treibt der Staat Raubbau mit der Arbeitskraft der Richter, die zahlreichen Verlegungen nötigen zu einem fortgesetzt neuen Studium der Akten, die Partei kann nur verlangen, daß ihr Gelegenheit geboten werde, ihren Rechtsstandpunkt dem Gericht einmal in aller Ausführlichkeit vorzuführen, ihre Beweismittel geltend zu machen; nicht dagegen kann sie verlangen, daß ihr **fortwährend** immer wieder neu Gelegenheit geboten werde, Behauptungen aufzustellen, Zeugen zu benennen und Urkunden vorzulegen, zu deren Vorbringung sie früher schon bei einiger Sorgfalt in der Lage gewesen wäre. „Wer durch Erhebung einer Klage oder durch Einlassung darauf den Schutz des Staates für seinen privaten Rechtskreis in Anspruch nimmt, muß sich auch der Ordnung fügen, die dieser aus Gründen des Gemeinwohls und im Interesse einer sparsamen und zweckentsprechenden Verwendung seiner Organe eingeführt hat. Er kann nicht verlangen, daß, weil es ihm gerade nicht behagt, seinem Anwalt die Information zu gewähren, deshalb ein Termin verlegt werde, um so weniger, als Rechtsstreitigkeiten nicht wie Elementarereignisse über die Parteien hereinzubrechen pflegen, sondern eine Vorgeschichte haben, wodurch die Parteien in den Stand gesetzt werden, die gegnerischen Momente kennen zu lernen. Es ist also nichts Unbilliges, wenn der Gesetzgeber davon ausgeht, daß, wer einen Rechtsstreit unternimmt, auch die Zeit finden muß, die zu seiner Führung nach der staatlichen Ordnung erforderlich ist"[1]. Die Gestaltung unseres deutschen Zivilprozesses der Zukunft denken wir uns also in den Grundzügen — nur diese können hier selbstredend besprochen werden — wie folgt: Sämtliche Klagschriften sind bei den Amtsgerichten einzureichen, der betreffende Amtsrichter teilt die Klagschrift abschriftlich durch amtliche Zustellung dem Beklagten mit unter der Eröffnung, daß, wenn er nicht binnen einer Woche begründeten Widerspruch erheben werde, ein Zahlungsbefehl gegen ihn ergehen werde, der die Wirkungen eines vollstreckbaren Urteils ausübe. In Sachen nicht vermögensrechtlicher Natur hätte natürlich an Stelle des Zahlungsbefehls, wenn die Klagschrift in Ordnung und der klägerische Anspruch begründet ist, ein Urteil zu treten. Nicht schlüssige Klagschriften müßte der Amtsrichter mit der gehörigen Rechtsbelehrung an den Kläger zurückreichen. Erhebt der Beklagte Widerspruch, so müßte dieses in Form einer ausführlichen Klagbeantwortung erfolgen, in verwickelten Sachen wäre die Frist hier von einer bis auf zwei oder auch drei Wochen zu erstrecken, in dieser Zeit aber läßt sich im Notfall unter der Zuziehung eines rechtsgelehrten Anwalts auch in recht verwickelten Prozessen der gesamte Streitstoff durchaus hinlänglich sammeln und sichten. Die Klagbeantwortung geht wieder durch den Richter dem Kläger zur Kenntnisnahme und etwaigen Beantwortung binnen einer von ihm je nach der Schwierigkeit des Falles zu bemessenden Frist zu. Nötigenfalls wäre sie wieder dem Beklagten zur Erwiderung zuzustellen, mit diesen vier Schriften (Klagschrift, Klagbeantwortung, Replik und Duplik) wird der gesamte Streitstoff genügend geklärt und gesichtet sein. Erst dann also nach vollständiger Sichtung und

---

[1] Reichsgerichtsrat Peters, „Der Staatsgedanke und die Zivilprozeßreform." D. Jur. Z. 1913, S. 997 ff.

Sammlung des Streitstoffs wäre unter Ladung der Parteien oder der von ihnen etwa bestellten Rechtsanwälte der Termin zur mündlichen Verhandlung anzuberaumen. Vor dem Amtsgericht würden also im Gegensatz zum heutigen Zustand alle Rechtsstreitigkeiten, auch solche über 600 Mk. Streitwert, zur Verhandlung und Entscheidung gelangen, nur müßte es dem Kläger oder dem Beklagten unbenommen sein, in der Klagbeantwortung beziehungsweise in der Replik auf sie die Verweisung der Sache an das Landgericht bei einem Streitwert von mehr als 1000 Mk. zu beantragen. So würde u. E. die viel verhandelte Frage, ob sich die erstinstanzliche Verhandlung der Zivilprozesse durch den Amtsrichter als Einzelrichter oder ein Richterkollegium mehr empfiehlt, am besten gelöst. Die Parteien selbst hätten darüber zu entscheiden, wem sie den Vorzug geben wollen, ob dem ihnen vielleicht persönlich als tüchtig bekannten Amtsrichter, zu dem sie ein großes Vertrauen haben und der ihnen jederzeit persönlich zugänglich ist oder dem fernen, ihnen ganz fremden Richterkollegium des Landgerichts. Diese Wahlmöglichkeit besaßen übrigens die Rechtsuchenden bereits lange Jahrzehnte im Gebiete des früheren Kurfürstentums Hessen-Cassel und waren damit, wie uns Stölzel und der geniale deutsche Praktiker, der verstorbene Reichsgerichtsrat Otto Baehr an verschiedenen Orten bezeugen, höchlichst zufrieden. Eine völlig umstürzende Neuerung würde also unser Vorschlag keineswegs bedeuten. Im mündlichen Verhandlungstermin darf dann grundsätzlich neues in den Schriftsätzen enthaltenes Material nicht mehr vorgebracht werden, es sei denn, daß die betreffende Partei glaubhaft macht, daß sie ohne ihr Verschulden zur früheren Geltendmachung nicht in der Lage gewesen sei. Nur so sind die Parteien vor Überraschungen gesichert und es kann sich an die wohlgeordnete mündliche Verhandlung sogleich der Erlaß einer Entscheidung, also entweder eines Urteils oder eines Beweisschlusses anschließen. Jede Terminsverlegung bedürfte der Bewilligung des Gerichts und wäre nur beim Vorliegen gewichtiger, von der betreffenden um sie nachsuchenden Partei glaubhaft zu machenden Gründen zu bewilligen. Eine solche Regelung würde wahrlich Wunder wirken, wie mit einem Zauberschlage würden die berechtigten Klagen über Prozeßverschleppung aufhören. Das materielle Recht würde wirklich nicht zu kurz dabei kommen, denn den Parteien wäre in dem vorbereitenden Schriftenwechsel reichlich genug zur Wahrnehmung ihrer Ansprüche Gelegenheit gegeben. Mit der Einführung der „Eventualmaxime" würden wir nur zum alten gemeinrechtlichen Zivilprozeß und den partikulären Prozeßordnungen zahlreicher deutscher Einzelstaaten vor dem Inkrafttreten unserer heutigen Zivilprozeßordnung zurückkehren. Dem Kern und der Sache nach liegt sie auch, ebenso wie ein sehr weitgehendes richterliches Prozeßleitungsrecht der trefflichen österreichischen Zivilprozeßordnung vom 1. August 1895, der Schöpfung von Franz Klein zugrunde[1].

Im Verhandlungstermine hätten dann die Parteien in ihren Vorträgen, wie es für Österreich § 178 der dortigen Zivilprozeßordnung vorschreibt, „alle im einzelnen Falle zur Begründung ihrer Anträge erforderlichen tatsächlichen Umstände der Wahrheit gemäß vollständig und bestimmt anzugeben". Damit stehen wir bei der viel besprochenen, lebhaft geforderten und auch wieder, so namentlich von Richard Schmidt-Leipzig und vielen Anwälten lebhaft bekämpften W a h r h e i t s p f l i c h t der Parteien und ihrer Prozeßbevollmächtigten. Unseres Erachtens versteht sich diese grundsätzlich, von den sogen. „Anfechtungsprozessen" und einzelnen wenigen Ausnahmefällen, auf die hier wegen ihrer Seltenheit nicht näher eingegangen zu werden braucht, abgesehen, von selbst. Aufgabe der ganzen Gerichtsbarkeit ist doch die, dem wahren Recht und der Gerechtigkeit zum Siege zu verhelfen, wie kann diesem hohen und wahrhaft erhabenen Ziele aber der Richter nachkommen, der durch falsche und unrichtige Behauptungen der Parteien irregeführt wird? Gewiß ist der Zivilprozeß ein Kampf, aber es ist nun einmal unter Kulturmenschen heute zum Glück die allgemein oder doch wenigstens fast allgemein anerkannte ethische Norm, den Kampf mit anständigen und nicht mit vergifteten Waffen gegeneinander zu führen. Erst durch eine der Wahrheit entsprechende, aber auch vollständige und lückenlose Unterbreitung des gesamten Sachverhalts wird der Richter in die Lage versetzt, sich ein zutreffendes Bild von dem wahren Streitgegenstand zu machen und richtig zu entscheiden. Ein zutreffendes Erkenntnis setzt eine zutreffende Erkenntnis voraus, sonst baut der Richter seine Entscheidung auf Flugsand auf und entscheidet über ein Phantom, kein Gebilde der Wirklichkeit. Die Partei oder ihr Anwalt, die unvollständige, gefärbte, sogenannte „frisierte" Tatbestände vorträgt, versündigt sich am obersten Zweck der gesamten Rechtsprechung, dem wahren Recht zum Durchbruch zu verhelfen. Durch Ausscheidung oder Unterbrückung des nach seiner — notgedrungen subjektiven — Meinung unerheblichen Stoffs, greift er dem richterlichen, unbefangenen objektiven Urteil vor, fälscht seine Unterlagen oder trübt es wenigstens. Mit Recht erklärt Wildhagen, eine Zierde

---

[1] Vgl. §§ 239, 243, 134, 135 und 179 Abs. 1 Satz 2 Z.P.O.

unseres Anwaltsstandes[1]: „Der zu ermittelnde Sachverhalt muß zu einem noli me tangere werden, das zu erforschen und klarzulegen ist, nur getreu der Wahrheit; das aber nicht duldet, aus irgendeinem Grunde — welcher Art er auch sein mag — zurechtgerückt und ge= modelt zu werden" (S. 49 a. a. O.) Wie sehr es aber gerade hier in unserem Anwaltstand im argen liegt, erweist die erwähnte Schrift an zahlreichen Stellen.

Die Verhängung einer Geldstrafe freilich, wie sie der Berliner Zivilprozessualist Konrad Hellwig[2] vorschlägt, vermag ich nicht zu befürworten. Dagegen sprechen zu viel Bedenken. Denn einmal handelt es sich doch in erster Linie, wie nicht verkannt werden darf, um die Erfüllung einer ethischen und nicht einer Rechtspflicht. Ferner würde die Androhung von Geldstrafen zu leicht gehässigen Denunziationen Tür und Tor öffnen. Endlich würde sich die Scheidung von bewußten frivolen Lügen, für deren Begehung wohl allein Geldstrafen in Betracht kämen, und groben Fahrlässigkeiten oder Ausschweifungen einer starken Phantasie nicht immer gerade leicht vornehmen lassen. Auch das österreichische Prozeßrecht kennt übrigens Geldstrafen für Verletzungen der Wahrheitspflicht, selbst für Prozeßlügen nicht.

Kommt es zu einer mündlichen Verhandlung, so wäre in allen irgendwie verwickelten Sachen das persönliche Erscheinen der Parteien dringend erwünscht. Durch persönliche Zuziehung der Par= teien ist das Gericht in der Lage, den Sachverhalt unmittelbar an der Quelle zu schöpfen. Die Rechtsanwälte kennen den Sach= und Streitstand nur vom Hörensagen, nicht aus eigener Wissenschaft, sie sind nicht die unmittelbar Beteiligten, sondern nur Dritte. Man be= sorge auch nicht die Entstellung des Sachverhalts durch geflissentliche Unwahrheiten. Natürlich gibt es auch unwahre, ja verlogene Menschen. Das ist menschlich, allzu menschlich. Aber „meistens liegt es den Parteien ganz fern, dem Gericht etwas Unwahres zu unter= breiten, sie geben willig und gewissenhaft über den Sachverhalt Aus= kunft, etwaige Irrtümer und Ungenauigkeiten, besonders auch ein= seitige Darstellungen werden gewöhnlich leicht durch gemeinsame Aus= sprache beseitigt. Eine etwaige Neigung, die Sachlage zu eigenen Gunsten zu färben, wird durch den anwesenden Gegner und die von ihm ausgeübte Kontrolle sehr bald zuschanden gemacht"[3]. Dieses

---

[1] In seiner ausgezeichneten Schrift „Der bürgerliche Rechtsstreit", 1912.
[2] Justizreform 1908, S. 23 und 36/37.
[3] Wildhagen, a. a. O. S. 43.

Ziel kann freilich nur erreicht werden, wenn das Gericht, anders als heute, in der Lage ist, das Erscheinen der Parteien vor seinem Forum, wenn es dies zur besseren Aufklärung des Sachverhalts für nötig erachtet, zu erzwingen, nur eine zwangsweise Vorführung der widerstrebenden Partei wäre zu vermeiden. Können die Parteien, ohne irgendwelche Nachteile davon befürchten zu brauchen, einfach nach ihrem Belieben trotz ihrer Ladung durch das Gericht — womöglich wie es heute leider mitunter geschieht auf Anraten ihrer Rechtsanwälte — fortbleiben, so ist das Gericht zur Ermittelung des so unendlich wichtigen, leider heute in seiner ganzen ungeheueren Bedeutung noch nicht genügend gewürdigten Sachverhalts auf eine nur mittelbare Quelle und die dritte Hand, die Rechtsanwälte, angewiesen. Damit würde der Gesetzgeber der Zukunft nur dem Vorbild des Reichsgesetzes über die Gewerbegerichte vom 30. Juni 1901 (§ 42) und des Reichsgesetzes über die Kaufmannsgerichte vom 6. Juli 1904 (§ 16), die beide Ordnungszwangsstrafen für das gerichtlich angeordnete Erscheinen der Parteien zulassen, nachfolgen. Ein stark inquisitorisches Moment — ein Hinweis, mit dem die Gegner[1] unsere Forderung bekämpfen, liegt unseres Erachtens in dem Erscheinungszwang keineswegs. Die Partei soll ja nicht irgendwie zu ihrer Aussage genötigt werden, selbstverständlich kann sie auf ihre eigene Gefahr dem Gericht alles verschweigen, was ihr gut dünkt.

Der Anwaltszwang in seiner heutigen Gestalt kann[2] nicht aufrecht erhalten werden. Heute müssen bekanntlich die Parteien grundsätzlich — von einzelnen ganz wenigen Ausnahmen abgesehen, wie etwa der Anbringung des Gesuchs um Bewilligung des Armenrechts — sich zur Vornahme aller Prozeßhandlungen bei den Kollegialgerichten (also Land-, Oberlandesgerichten und Reichsgericht) eines bei dem betreffenden Prozeßgericht zugelassenen Rechtsanwalts bedienen. Nur ein solcher kann für den Kläger die Klage einreichen, nur durch einen solchen kann sich der Beklagte verteidigen, nicht einmal kann er den gegen ihn geltend gemachten Anspruch anerkennen. Zur Rechtfertigung dieses Anwaltszwangs und Anwaltsmonopols pflegt man gewöhnlich — so auch die amtlichen Motive zur deutschen Zivilprozeßordnung — die ungemeine Schwierigkeit und Verwickeltheit

---

[1] So namentlich Peters, „Die Beschleunigung und Vereinfachung des bürgerlichen Streitverfahrens".

[2] Wie Verfasser dieser Abhandlung bereits an verschiedenen Stellen, vgl. Türmer, Band XII, S. 715, Deutsche Richterzeitung 1912, S. 188, Recht und Wirtschaft 1913, S. 208 ff. eingehend ausgeführt hat.

unseres heutigen Zivilprozeßrechts und die Rechtsunkenntnis des Publikums anzuführen. Würde man die Parteien, die sehr oft der Fähigkeit zum geeigneten mündlichen Vortrag ihrer Sache entbehrten, selber zulassen, so entstünde leicht die Gefahr, daß durch ihre Befangenheit, Leidenschaftlichkeit und Rechtsunkunde die Sachlage verdunkelt, die Findung des Rechts durch das Gericht erschwert, der Ernst und die Würde der gerichtlichen Verhandlung verletzt werden könne. Um das vorletzte Argument vorwegzunehmen, so haben wir bereits weiter oben darauf hingewiesen, daß man gerade durch Einschiebung eines Zwischenglieds zwischen Gericht und Partei leicht eine Verdunkelung der Sachlage und eine künstliche Zurechtstutzung des wahren Tatbestandes herbeiführen könne. Man schöpft den Sachverhalt besser aus der Quelle als aus dritter Hand. Erbauliche Beispiele in Hülle für eine höchst unerfreuliche „Frisierung" des Sachverhalts durch Anwälte bietet der schon mehrfach erwähnte Wildhagen in seiner warmherzigen und anregenden Schrift über den bürgerlichen Rechtsstreit. Die weitere Begründung des Anwaltszwangs: Rechtsunkenntnis der Parteien und Schwierigkeiten des materiellen Rechts schießt über das Ziel hinaus, schüttet das Kind mit dem Bade aus und will zu viel beweisen. Sie trifft nur zu für wirklich schwierige und in tatsächlicher oder rechtlicher Hinsicht verwickelte Sachen. Diese bilden aber nur einen verhältnismäßig ganz geringfügigen Prozentsatz aller Rechtsstreitigkeiten. Eine wahre Unsumme von Rechtsstreitigkeiten oft über ganz bedeutende in die Tausende und Zehntausende gehende Werte werden jährlich von den Zivilkammern und namentlich von den Kammern für Handelssachen an den Landgerichten ohne jede streitige Verhandlung beim Ausbleiben des Beklagten durch einfaches Versäumnisurteil erledigt. So fällten allein die Handelskammern der Preußischen Landgerichte im Jahre 1910 11678 unstreitige Endurteile zufolge Versäumnis, Anerkenntnis des Beklagten und Verzicht des Klägers, dagegen bloß 9115 „kontradiktorische" Urteile. Selbst vor den Preußischen Oberlandesgerichten, die nur über Berufungen gegen die landgerichtlichen Urteile zu entscheiden haben, kamen im gleichen Jahre auf 23017 streitige noch immer 7411 unstreitige Urteile. In diesen Sachen — das gilt namentlich von den Handelskammerprozessen — liegt der Sachverhalt meistens in rechtlicher wie tatsächlicher Hinsicht gleich einfach zutage. Vorwiegend handelt es sich um Ansprüche aus glatten Warenlieferungen, Darlehen und vornehmlich aus Wechseln.

Irgendeine sachliche Begründung für den Anwaltszwang liegt hier nicht vor. Es ist schlechterdings nicht einzusehen, warum nicht der Kläger selber die ganz einfache Klage, zu deren Herstellung durch Ausfüllung eines vorgedruckten Formulars auf dem Anwaltsbureau ein vielleicht 16 jähriger Schreiberlehrling benutzt wird, nicht selbst oder durch einen Angestellten solle anfertigen und durch diesen beim Gericht vortragen und gegen den nicht erschienenen Beklagten Versäumnisurteil erwirken dürfe? Warum darf der Beklagte nicht selbst den Anspruch anerkennen, warum soll er genötigt sein, die bedeutend höheren Kosten des Versäumnisverfahrens zu tragen? Aber auch in den streitig werdenden einfachen Sachen ist der Anwaltszwang entbehrlich. In wirklich verwickelten Sachen ist dagegen bei rechtsunkundigen Parteien die Zuziehung, richtiger die Führung des Prozesses, durch einen Anwalt unbedingt erforderlich. Ob diese Voraussetzung zutrifft, wird das Gericht sehr bald entweder schon durch den Inhalt der Klagschrift oder durch die Klagbeantwortung spätestens jedenfalls in der ersten mündlichen Verhandlung erkennen. In diesen Fällen muß eben das Gericht in Zukunft in Erweiterung der Vorschriften des § 157 P.O. der Partei den weiteren Vortrag untersagen und ihr die Bestellung eines Rechtsanwalts aufgeben. Anstatt gesetzlichen Anwaltszwangs also Anwaltszwang auf Grund freien pflichtgemäßen richterlichen Ermessens, das durch kein Beschwerderecht der zurückgewiesenen Partei eingeengt werden dürfte. Man muß soviel Vertrauen zu unseren Gerichten, denen die teuersten Güter des Staatsbürgers anvertraut sind, besitzen, um ihnen dieses diskretionäre Ermessen beizulegen. Unhaltbar auch bei schwierigen und verwickelten Sachen ist der Anwaltszwang bei solchen Parteien, die des einen besonderen Schutzes überhaupt nicht bedürfen.

Nicht schutzbedürftig aber sind einmal die rechtskundigen Parteien, seien es Privatpersonen oder öffentliche zum Teil aus Juristen sich zusammensetzende öffentliche Behörden und ferner die Kaufleute in ihren Streitigkeiten vor den landgerichtlichen Kammern für Handelssachen. Bizarr geradezu ist es, daß heute ein berühmter Rechtsgelehrter, der durch seine ganze Tätigkeit einen maßgebenden Einfluß auf die Entwicklung des Rechts ausübt oder ein hervorragender Praktiker, etwa ein bekannter Reichsgerichtsrat, vor einem deutschen Kollegialgericht nicht selbst seine Parteirechte wahrzunehmen vermag, sondern zu seiner Vertretung einen Rechtsanwalt bestellen muß, dessen Tätigkeit dann, ebenso wie bei der Vertretung öffentlicher Behörden, naturgemäß in nichts anderem als in einer möglichst wörtlichen Wiedergabe der ihm zu teil gewordenen Instruktion bestehen kann. Ungereimt und widersinnig ist es, daß der Kaufmann in handelsrechtlichen Streitigkeiten wohl die Fähigkeit hat, selber im Richterkollegium auf der sella curulis des Handelsrichters zu sitzen und wohl erfahren in kaufmännischen Anschauungen und Gebräuchen Recht zu sprechen, aber unfähig als Partei vor dem nämlichen Gericht selber sein Recht zu suchen. . . . Daß vor dem obersten deutschen Gericht der Anwaltszwang bestehen bleiben muß, bedarf angesichts der großen rechtlichen Schwierigkeiten aller dort zur Verhandlung gelangenden Sachen keiner Ausführung. Ebenso erscheint seine Aufrechterhaltung an den Oberlandesgerichten ratsam. Zur großen Genugtuung des Verfassers sprach sich im Sinn obiger Anregungen auch die Mehrheit der deutschen Richter auf dem dritten deutschen Richtertag in Berlin am 12. und 13. September 1913 aus, ihr Referent, Reichsgerichtsrat Dr. Lobe, erklärte sie „für beachtenswert." Mit der vorgeschlagenen Regelung würden wir auch nur zu kerndeutschen, lange Zeiten hindurch in der Praxis wohlbewährten Grundsätzen zurückkehren. In sehr vielen deutschen partikularen Prozeßordnungen[1] war ein Anwaltsmonopol völlig unbekannt. Um einige Beispiele aus dem letztverflossenen Jahrhundert anzuführen, so kannte ihn nicht die ausgezeichnete württembergische Zivilprozeßordnung vom Jahre 1868, Artikel 414 des Code de procedure vom Jahre 1806 befreit wenigstens das Verfahren vor den Handelsgerichten von ihm; „se fait sans le ministère d'avoués". In Preußen (§§ 3, 21 und 23 der Verordnung vom 21. Juli 1846), in Baden wie in Hannover (§ 67 der Hannöverschen Zivilprozeßordnung vom Jahre 1850) waren wenigstens alle öffentlichen Behörden wie die rechtskundigen Parteien vom Anwaltszwang befreit. Diese gesetzlichen Einrichtungen bewährten sich in der Praxis durchaus, Klagen der Bevölkerung wurden nicht laut.

Gegenüber diesen geschichtlichen Erfahrungen und schlüssigen Erwägungen wirkt es fast befremdend, wenn die neueste Verteidigung des Anwaltszwangs[2] dahin geht: Die Parteien seien zur Wahrnehmung ihrer eigenen Rechte vollkommen unfähig, denn sie „seien vollständig in dem seelischen Banne ihres Standpunktes befangen und müßten dadurch die anderen Möglichkeiten der Betrachtung und

---

[1] Vgl. hierüber Johann Christoph Schwartz, Vierhundert Jahre deutscher Zivilprozeßgebung, 1898.

[2] Durch den Berliner Rechtsanwalt Dr. Bendix in seiner Schrift „Das Problem der Rechtssicherheit" 1914, S. 25.

Beurteilung der Lage zu ihrem Nachteil verkennen". Dies gelte auch für den berühmten Rechtsgelehrten und Praktiker Bovensiepens. Der Anwaltszwang müsse sogar ganz erheblich erweitert werden. Demgegenüber ist einmal mit allem Nachdruck zu betonen, daß unendlich viele Sachen rechtlich wie tatsächlich ganz klar liegen, bei Warenlieferungen weiß der säumige Käufer ganz genau, daß er den vereinbarten Kaufpreis zahlen muß, ebenso der mit der Entrichtung der Miete rückständige Mieter, daß er diese unweigerlich zahlen muß, desgleichen pflegt dem Akzeptant der Wechselsumme oder dem Empfänger eines Darlehns seine Zahlungspflicht nicht gerade unbekannt zu sein. Solche Fälle bilden aber, wie scheinbar immer wieder von neuem scharf betont werden muß, die weit überwiegende Mehrzahl aller Fälle. Ferner sind denn doch nicht alle Menschen so einseitig fanatische, um nicht zu sagen verbohrte „Subjektivisten", als wie sie Bendix hinzustellen beliebt.

Die zweifellos durch die Einführung unseres Vorschlags eintretende erhebliche Minderung des Einkommens unserer Anwaltschaft müßte durch eine entsprechende Erhöhung ihrer Gebühren für wirklich streitige Sachen wieder ausgeglichen werden. Es müßte ferner in Armenprozessen dem Armenanwalt der unterliegenden Partei, ebenso wie heute schon dem vom Gericht bestellten Verteidiger in Strafsachen der Staat die gesetzlichen Gebühren entrichten. So könnte und würde unseres Erachtens der Anwaltschaft, diesem wichtigen und unentbehrlichen Glied unseres Rechtswesens und unserer ganzen Volkswirtschaft eine ausreichende Entschädigung gewährt werden. Denn eine lebenskräftige und auskömmlich gestellte Advokatur ist schon zur Wahrnehmung der staatsbürgerlichen Rechte des Untertans gegenüber etwaigen Übergriffen des Staats und des Bureaukratismus einfach unentbehrlich. Zudem ist sie gerade auf dem zivilprozessualen Gebiete zur Verhütung aussichtsloser Rechtsstreitigkeiten von großer Bedeutung, durch Aufklärung seines Klienten kann der Anwalt manchen aussichtslosen Prozeß im Keime ersticken.

Die Beweisaufnahme selbst muß so frei und elastisch als nur eben möglich gestaltet werden, grundsätzlich muß sie gleich im ersten Verhandlungstermin selbst erfolgen. Das ist durchaus möglich, denn nach unseren obigen Vorschlägen soll eben erst dann Termin zur mündlichen Verhandlung anberaumt werden, wenn die Sache durch Schriftwechsel zwischen den Parteien bis zum Erlaß der Entscheidung vollständig aufgeklärt ist. Der Beweisbeschluß wäre schon vorher auf Grund der Akten schriftlich zu erlassen und die sämtlichen

Zeugen und etwaigen Sachverständigen zu laden, etwa erforderliche Akten und Urkunden von Amtswegen zu beschaffen oder wenn es sich um private handelt, ihre Beibringung spätestens im Termin der Partei, die sie im Besitz hat, bei Meidung des Ausschlusses aufzuerlegen. Führt die Beweisaufnahme zu keinem völlig befriedigenden, d. h. dem Sachverhalt restlos aufklärenden Ergebnis, so hätte an Stelle der heutigen Eideszuschiebung durch die beweispflichtige Partei an ihren Gegner die zunächst uneidliche Vernehmung **beider Parteien** und im Anschluß hieran die **eidliche Vernehmung einer Partei**, natürlich derjenigen, der das Gericht auf Grund der bisherigen Ergebnisse der Beweisaufnahme und ihres ganzen persönlichen Eindrucks den größeren Glauben schenkt, zu erfolgen. So würden sehr viele Zivilprozesse ganz wesentlich abgekürzt und beschleunigt werden. Denn heute kann grundsätzlich abgesehen vom Einverständnis der Parteien der Eid nur durch sogenanntes „bedingtes Endurteil" auferlegt werden, d. h. die zu beschwörende Behauptung wird zum Urteil verstellt, gegen dieses kann die Berufung und beim Vorliegen der allgemeinen gesetzlichen Voraussetzungen auch die Revision an das Reichsgericht eingelegt werden. Erst dann, also nach Rechtskraft des Urteils darf die Eidesleistung erfolgen. Dadurch verzögert sich natürlich die Erledigung eines solchen Prozesses ganz ungemein. Die Vereidigung einer Partei auf ihre Darstellung kann natürlich in der Instanz alsbald erfolgen und wird sogleich zu einem für sie günstigen Urteil führen, das, da beschworene Behauptungen als voll erwiesen gelten, nur wegen Verletzung der Eidespflicht angefochten werden kann. Sodann aber — und das ist wohl der Hauptvorzug der eidlichen Parteivernehmung — kann diese den wahren Sachverhalt ganz anders restlos aufklären als die heutige notwendig mehr oder weniger ganz formalistische, abstrakte, um nicht zu sagen scholastische Eideszuschiebung. Ein Beispiel statt vieler anderen. Der Kläger klagt gegen den Beklagten ein Darlehn in Höhe von 100 Mk. ein, Zeugen waren bei der Hingabe nicht zugegen, der Kläger war auch so unvorsichtig sich keinen Schuldschein geben zu lassen, er kann also dem Beklagten über den Empfang der Summe nur den Eid zuschieben. Im Glauben, am 9. Mai 1912 das Geld gegeben zu haben, schiebt er hierüber den Eid zu, der Beklagte, der nicht am 9. Mai, wohl aber zu irgendeiner anderen Zeit das Geld erhalten hat, kann ohne Verletzung der Eidespflicht den Eid ruhig leisten, was er beschwört, ist wortwörtlich richtig. Bei einer eidlichen Vernehmung, entweder des Klägers oder des Beklagten, über den wahren Sachverhalt ist das unmöglich. Und umgekehrt bei verwickelten Sachlagen können die streitigen Parteibehauptungen, über die geschworen werden soll, im entscheidenden Teil des Urteils, nie so genau wiedergegeben werden als dies wünschenswert wäre. Sie müssen in starre, abstrakte, trockene Formeln hineingepreßt werden, für die sich das Verständnis selbst einer gebildeten Partei nur schwer erschließt. Ein gutes Stück „Eidesnot" wird gerade hierdurch geschaffen. Aus solchen Erwägungen heraus haben denn auch zahlreiche Staaten des Auslandes den sogenannten „Parteieid" durch die eidliche Parteieinvernehmung ersetzt, so Großbritannien, zahlreiche Unionstaaten der Vereinigten Staaten von Nordamerika und vor allem das auch hier wieder für uns vorbildliche Österreich (vgl. §§ 371/383 Z.P.O.).

Eine wahre Prämie für Verschleppungsgelüste unlauter vorgehender Prozeßparteien bildet unser heutiges **Versäumnisverfahren**. Danach kann die säumige Partei das gegen sie bei ihrem Ausbleiben auf Antrag des Gegners erlassene Versäumnisurteil binnen einer Woche beim Amtsgericht, bei den anderen Gerichten binnen zweier Wochen den Einspruch einlegen und zwar ohne irgendeine Begründung. Ohne daß sie sich zu entschuldigen brauchte, kann sie also einfach mit einem Hauch ihres Mundes einen staatlichen Hoheitsakt, ein gerichtliches Urteil, wie einen Flaum, aus der Welt blasen. Ganz umsonst hat das Gericht seine Tätigkeit entfaltet, lediglich die Kosten des Versäumnisverfahrens trägt die säumige Partei, auch wenn sie später obsiegt, unter allen Umständen. Dieses Manöver kann sie nicht einmal, sondern im Laufe desselben Prozesses sogar zu mehreren Malen durchführen. Hierdurch wird natürlich die Beendigung des Rechtsstreits wesentlich verzögert. Zweckmäßig wäre es, wenn die säumige Partei lediglich dann den Einspruch einlegen dürfte, wenn ihr für ihre Säumnis ein triftiger, hinreichender Grund entschuldigend zur Seite stünde. Zu streng ist unseres Erachtens die österreichische Zivilprozeßordnung, die in ihrem § 147 der säumigen Partei nur die „Wiedereinsetzung in den vorigen Stand" gewährt. Diese ist aber nur dann statthaft, wenn der Säumige durch „ein unvorhergesehenes oder unabwendbares Ereignis" am rechtzeitigen Erscheinen „im Verhandlungstermin" verhindert war. Unbedingt zu streichen wäre auch die höchst sophistisch ausgeklügelte Bestimmung des § 332 Z.P.O., wonach der Erschienene unter allen Umständen gegen den ausgebliebenen Gegner den Erlaß des Versäumnisurteils verlangen kann, auch wenn die vorher stattgehabte Beweisaufnahme vollständig zu seinen — also des säumigen Gegners — Gunsten ausgefallen ist und dieser vielleicht gerade im Vertrauen auf dieses günstige Ergebnis und im Glauben zum persönlichen Erscheinen im späteren Termine nicht verpflichtet zu sein — ein Irrglaube, der sich bei Laien in amtsgerichtlichen Prozessen nicht allzuselten vorfindet —, ausgeblieben ist. Heute muß der Richter also z. B. Versäumnisurteil nach Antrag gegen den Mieter auf Zahlung des vollen, zu Unrecht eingeklagten Mietzinses erlassen, auch wenn die vernommenen Zeugen übereinstimmend eidlich bekundet haben, daß der Mietzins längst ganz beglichen worden sei. Das ist krasse Prinzipienreiterei und Unnatur schlimmster Sorte. In solchem Falle muß das Gericht — wie auch nach preußischem Verwaltungsstreitverfahren — einfach nach Lage der Akten kontradiktorisch entscheiden, wie es heute schon im österreichischen Zivilprozeß (§ 399) und in der preußischen Verwaltungsgerichtsbarkeit allgemein der Fall ist. Durchaus beachtenswert erscheint uns auch der von Lobe auf dem deutschen Richtertage gemachte Vorschlag, den Sachverständigen bei der Beratung und Entscheidung rein technischer Fragen in das Richterkollegium aufzunehmen. So würden recht zweckmäßig die auf der Richterbank sitzenden Laien — das sind hier in solchen Fällen die Richter — durch Sachverständige ergänzt.

Sehr zur Beschleunigung würde es auch beitragen, wenn Klagabweisungen wegen Anrufung des unzuständigen Gerichts überhaupt nicht erfolgen dürften. In Erweiterung des § 505 Z.P.O. müßte vielmehr der Vorsitzende des Gerichts im Fall von dessen Unzuständigkeit die Klage noch vor Vernehmlassung durch den Beklagten und vor mündlicher Verhandlung im Anfangsstadium des Prozesses an das seiner Ansicht nach zur Entscheidung berufene Gericht verweisen. Für dieses müßte dann die Verweisung bindend sein. Besondere Kosten dürften hierfür nicht in Ansatz gebracht werden.

Soweit unsere Vorschläge zur Ausgestaltung des erstinstanzlichen Prozeßverfahrens. Viel erörtert wird auch die Frage nach einer Einschränkung der Berufung gegen die amtsgerichtlichen Urteile in der Richtung hin, ob sich nicht die Ausschließung dieses Rechtsmittels wenigstens in allen Bagatellprozessen bis zu 50, 60 oder gar 100 Mk. rechtfertige. Für uns ist die Stellungnahme durch unsere grundsätzliche Forderung der Übertragung der Bagatellsachen an die „Friedensrichter" und Zulassung der Berufung gegen ihre Entscheidungen an die Amtsgerichte als ihnen übergeordnete Instanzen von selbst gegeben. Gegen alle erstinstanzlichen Urteile der Amts=

gerichte aber wäre die Berufung in vollem Umfange zuzulassen. Nur hilfsweise, falls man unseren am Eingang unserer ganzen Betrachtungen gestellten Vorschlag als zu radikal ablehnen sollte und der Gesetzgeber der Zukunft wie bisher die gesamte Ziviljustiz auch in ausgesprochenen Bagatellsachen den Amtsgerichten belassen würde, wäre eine Berufungsgrenze in der Weise zu verlangen, daß in allen ausgesprochenen Bagatellsachen die Berufung grundsätzlich ausgeschlossen sein müßte. Die ausgesprochene „Kleinjustiz" verträgt einfach die kostspielige jetzt und auch nach unseren obigen Ausführungen dem kostspieligen Anwaltszwange unterliegende Berufung nicht.

Es ist ein Gebot der Prozeßökonomie — oder sollte es wenigstens sein —, daß der Ertrag des Rechtsstreits, sein Objekt unter allen Umständen die sämtlichen Kosten der Rechtsverfolgung tragen könne. Unwirtschaftlich und höchst ungesund ist es, wenn die Kosten zum Objekt selbst in gar keinem Verhältnisse stehen. Sehr oft ist es freilich in der ersten Instanz — in der Mehrzahl der Fälle in der untersten Wertstufe — nicht möglich, dieser Forderung nachzukommen, denn wie würde sonst der Gläubiger von dem säumigen Schuldner das Seinige wieder erlangen können? Aber für die Zulassung der Berufung müßte diese Erwägung maßgeblich sein. In allen Sachen also, die die Kosten einer 2. Instanz nicht decken, wäre die Berufung zu versagen. Wo man die Berufungsgrenze ziehen will, darüber mag man verschiedener Ansicht sein, darauf kommt es nicht so sehr an. Die Hauptsache ist, daß der Gedanke der Einschränkung der Berufung sich Bahn bricht. Unseres Erachtens wäre nur bei Objekten von mehr als 50 Mk. die Berufung zu gewähren. Gegen die Urteile der Gewerbegerichte ist bekanntlich die Berufung nur bei einer Wertgrenze von 100 Mk. an aufwärts und gegen solche der Kaufmannsgerichte erst gar bei einer Grenze von 300 Mk. an zulässig. Hier hat freilich der deutsche Gesetzgeber sein sonst gerade beim Erlaß dieser Gesetze reichlich betätigtes soziales Empfinden arg verleugnet, denn Summen von mehr als 50 Mk. an bedeuten für die arbeitenden Schichten unseres Volkes trotz aller gestiegenen Volkswohlhabenheit gewaltige Summen. Für sie die Möglichkeit einer Berichtigung eines doch immerhin möglichen falschen erstinstanzlichen Urteils einfach rundweg abzuschneiden bedeutet unseres Erachtens denn doch eine große Härte! Auch andere Länder lassen übrigens die Berufung nur in recht beschränktem Umfange zu. England erlaubt sie grundsätzlich nur bei Objekten über 20 Pfd. Sterl., also über 400 Mk., Frankreich bei einem Betrage von über 100 Fr., in Österreich endlich ist sie bei

Objekten unter 100 Kr., also etwa 85 Mk. unserer Währung nur bei ganz groben Verstößen gegen das prozessuale Recht gegeben. Auch die verschiedensten deutschen Partikulargesetzgebungen vor der Einführung unserer heutigen Reichszivilprozeßordnung hatten sehr häufig Berufungsgrenzen in Höhe von 20, 30, ja selbst 50 Gulden eingeführt und die Hannöversche Zivilprozeßordnung vom 8. November 1850 gewährte die Berufung nur bei Objekten über 10 Taler Wert. Etwas Neues und Unerhörtes wäre also die Einführung der Berufungsgrenze in keiner Weise. Auch die Regierungsvorlage der Novelle zur Z.P.O. vom 1. Juni 1909 wollte in grundsätzlicher Übereinstimmung mit unseren obigen Ausführungen die Berufung erst bei einer Wertgrenze von 50 Mk. an zulassen.

Da nach unseren Vorschlägen die ganze erste Instanz auf eine gründliche und erschöpfende Aufklärung des Sachverhalts wie zugeschnitten ist und es in Zukunft die oberste Aufgabe des Gerichts bildet, für eine lückenlose Zusammentragung und Klarlegung des Streitstoffes Sorge zu tragen, so wird sich in rein tatsächlicher Hinsicht im Gegensatz zum heutigen Recht, das leider die sogenannten „tatsächlichen Feststellungen" recht vernachläßigt, in Zukunft mit nur einer Instanz auskommen lassen. D. h. ein Bedürfnis für die Parteien in der Berufungsinstanz ganz im Gegensatz zu ihrem erstinstanzlichen Vorbringen stehende Behauptungen aufzustellen oder ganz neues Tatsachenmaterial in den Rechtsstreit hineinzutragen, kann dann auf der völlig neu geordneten Grundlage des Rechtsstreits nicht mehr anerkannt werden. Die Berufung der Zukunft muß eben der alten gemeinrechtlichen „Appellation" angeglichen werden, das Berufungsgericht hätte in Zukunft die erstinstanzliche Entscheidung lediglich auf ihre rechtliche Richtigkeit hin nachzuprüfen. Die heutige Gestaltung der Berufung, die den Parteien erlaubt, die Grundlagen der erstinstanzlichen Urteile durch Einführung ganz anderer und neuer Behauptungen in den Rechtsstreit mit souveräner Machtvollkommenheit zu erschüttern und dieses so völlig gegenstandslos zu machen, ist ein Erzeugnis französischen Subjektivismus und Individualismus, der keine Rücksichtnahme auf die Bedürfnisse und Interessen der Allgemeinheit kennt; die deutschen Volksrechte kannten[1] ein solches „Novenrecht" überhaupt nicht. Erst die unselige heutige Zivilprozeß=

---

[1] Wie Johann Christoph Schwartz in seinem mehrfach erwähnten prächtigen Werk „Vierhundert Jahre deutscher Zivilprozeßgesetzgebung" überzeugend dargetan hat.

ordnung, dieses fremdländische, aus französischem Geiste entsprossene Gewächs beglückte uns mit ihm, als einer Prämie für nachlässige Prozeßführung verschleppungssüchtiger Parteien. Es ist hohe Zeit ihm nach österreichischem Vorbild[1] das Lebenslicht auszublasen. Nur dann, wenn die Parteien ohne ihr Verschulden nicht in der Lage waren, Tatsachen schon in der ersten Instanz vorzutragen — sie waren ihnen also unverschuldet unbekannt, oder sie entstanden gar erst später —, dürften neue Behauptungen in der Berufungsinstanz aufgestellt werden. Eine solche Gestaltung dieses Rechtsmittels würde sehr zur Prozeßbeschleunigung beitragen. Ebenso eine gehörige Abkürzung der heute viel zu langen Berufungsfrist von einem vollen Monat seit der Urteilszustellung. Bei den noch vielfach recht mangelhaften Verkehrsverhältnissen vor nunmehr 35 Jahren beim Inkrafttreten der Z.P.O. war eine solche geräumige Frist wohl gerechtfertigt, aber nicht mehr heute, bei unserer weit entwickelten Verkehrstechnik und unseren ganz glänzend ausgebauten Fernsprechverbindungen. Wenn in Österreich, einem vorwiegend agrarischen Lande mit überwiegend bodenständiger und schwerfälliger Bevölkerung eine Frist von 14 Tagen zur Einlegung der Berufung ausreicht, so sollte dieselbe Frist doch auch wahrlich bei unseren weit fortgeschritteneren Verkehrsverhältnissen genügen.

Hatten wir für die ersten Instanzen einer Verbindung von Mündlichkeit und Schriftlichkeit das Wort geredet, so erscheint uns die Mündlichkeit diese „große Lüge unseres Zivilprozesses", wie sie scharf aber zutreffend der geniale Praktiker, der verstorbene Reichsgerichtsrat Dr. Otto Baehr, bezeichnet, am Reichsgericht in der obersten Instanz als ganz besonders überflüssig, ja zweckwidrig, fast sinnlos. Obwohl neue Behauptungen auch nach heutigem Rechte dort schon nicht mehr vorgebracht werden dürfen, sondern der Reichsrichter ganz streng an den von dem Oberlandesgericht festgestellten Sachverhalt gebunden ist, finden heute stundenlange Vorträge des ausnahmslos sehr verwickelten Sachverhalts mit allen Beweisaufnahmen, Urkunden usw. statt. Rein um die Nachprüfung von Rechtsfragen handelt es sich, diese könnte aber sicherlich in beratender Sitzung des Senats genau ebenso gründlich und gewissenhaft erfolgen, als wie es heute schon trotz der Dekoration der mündlichen Verhandlung geschieht. Viel unnützer Zeitaufwand könnte so dem obersten Gerichtshof

---

[1] Vgl. §§ 461 ff. der dortigen Zivilprozeßordnung.

des Reichs erspart, ein gutes Stück Prozeßbeschleunigung würde auch hierdurch wieder erzielt werden.

Da nach unseren Vorschlägen bei Übereinstimmung der Parteien die Amtsgerichte auch über Prozesse von hohem und höchstem Streitwerte zu entscheiden hätten, so wäre natürlich die Revision beim Vorliegen der unverändert beizubehaltenden Revisionssumme, also bei mehr als 4000 Mk., auch bei amtsgerichtlichen Urteilen zugelassen, und zwar zur Wahrung einer einheitlichen obersten Rechtsprechung, anstatt bei den 29 einzelnen deutschen Oberlandesgerichten, beim Reichsgericht.

Der im Interesse einer Beschleunigung der Rechtspflege von manchen Seiten geforderten Abschaffung der vom 15. Juli bis 15. September dauernden Gerichtsferien möchten wir dagegen entschieden widersprechen. Der Urlaub der Prozeßrichter würde sich dann gleichmäßig über das ganze Jahr verteilen; die Folge wäre bei den Kollegialgerichten und bei den mit mehreren Richtern besetzten Amtsgerichten ein ständiger Wechsel in der Besetzung des Gerichts. In all den zahlreichen Fällen, deren Sachverhalt eine verschiedene rechtliche Beurteilung zuläßt, würde, da die Richter nun einmal Menschen und keine Urteilsmaschinen sind, recht häufig das nunmehr zufolge des Wechsels in der Person der Richter anders besetzte Gericht die früher von ihm vertretene Rechtsansicht aufgeben, einmal gefaßte Beweisbeschlüsse nunmehr für unerheblich erachten und unausgeführt lassen oder umgekehrt Beweise erheben, die früher für unnötig angesehen wurden. Die Einarbeitung der neuen Richter in die alten vielleicht seit Monaten schwebenden umfangreichen Sachen würde viel Zeit und Arbeitskraft in Anspruch nehmen. Kurz, nicht die erhoffte Beschleunigung, sondern eine ganz erhebliche Verzögerung der Rechtspflege, dazu noch ein Tasten und Schwanken in der rechtlichen Beurteilung und in der Entscheidung des Prozesses würde unseres Erachtens die unvermeidliche Folge des wenig durchdachten Vorschlags der Beseitigung der Gerichtsferien sein. Durch die Neuerung der Novelle vom 1. Juni 1909 zum § 202 Gerichtsverfassungsgesetzes, wonach, kurz gesagt, alle Gerichte alle Sachen, die einer besonderen Beschleunigung bedürfen, als Feriensachen behandeln sollen, hat die Frage einen guten Teil ihrer praktischen Bedeutung eingebüßt.

Eine Frage von allgemeiner volkswirtschaftlicher und sozialpolitischer Bedeutung, die keineswegs nur die zünftigen Kreise der Juristenwelt berührt, sondern gerade die „Objekte" der Rechtspflege, die weitesten Volksschichten an ihrer Wurzel trifft, ist die Höhe unserer Gerichtskosten und Anwaltsgebühren. Sie auch nur einigermaßen eingehend zu behandeln, erforderte eine besondere Abhandlung. Nur ganz kurz sei daher an dieser Stelle, um unsere Arbeit nicht zu sehr auszudehnen, auf einige der grundlegendsten Erwägungen hingewiesen[1]. Völlig unentgeltlich kann und darf unsere Rechtspflege nicht sein, sie hat doppelte Aufgaben zu erfüllen, nicht nur dem Interesse der Allgemeinheit dient sie und ihrer Sicherung, letzlich sind es doch gerade in den bürgerlichen Rechtsstreitigkeiten konkrete Fälle des praktischen Rechtslebens, die entschieden werden, den einzelnen Privaten und ihren Interessen um Mein und Dein und ihren Bestrebungen ihren Vermögensstand ungeschmälert aufrecht zu erhalten, stellt der Staat seine Gerichte zur Verfügung. Da entspricht es durchaus der Billigkeit, daß der einzelne, der für sich die Tätigkeit der Gerichte anruft und in Bewegung setzt, hierfür auch eine besondere Gebühr, eben die Gerichtskosten, entrichte, und daß nicht nur die Gesamtheit der Steuerzahler ausschließlich die sämtlichen sehr erheblichen Kosten der Aufrechterhaltung einer geordneten Rechtspflege aus allgemeinen Mitteln, den Steuern, bestreite. Es gilt, eine mittlere Linie zu ziehen zwischen einem ängstlich auf Erzielung möglichst hoher Einnahmen aus der Rechtspflege bedachten Fiskalismus und dem unreifen Radikalismus unserer Sozialdemokratie und anderer Utopisten einer völligen Unentgeltlichkeit der Rechtspflege, d. h. ihrer Abwälzung ihrer sämtlichen Kosten auf die Schultern der Steuerzahler. Aus Steuern und aus Gebühren muß daher der Aufwand der Zivilrechtspflege bestritten werden. Der soziale Gemeinschaftsgedanke und die Idee der sozialen, ausgleichenden Gerechtigkeit erfordert es gebieterisch, daß die Kosten bei den niedrigen Objekten, etwa in den untersten Wertstufen bis zu 120 oder 200 Mk. mindestens, besonders niedrig gehalten werden und dafür die tragkräftigeren und

---

[1] Vgl. wegen der Einzelheiten: Bovensiepen, „Eine sozialpolitische Betrachtung über die Bedeutung des gerichtlichen Kostenwesens" in der deutschen Richterzeitung 1913, S. 189—205. Martin Bürgel, Schuldnernot, Stundungsämter und Friedensgerichte, ebenda S. 41 ff. und § 91, ebenda S. 581, sowie die Aufsätze von Amtsrichter Mayer-Rennerod, „Schuldnernot", ebenda und „Schuldnernot und Zwangsversteigerung", ebenda S. 339. Oberlandesgerichtsrat Dr. Otto-Dresden, „Vorschläge für eine Prozeßkostenreform", ebenda S. 229—241, Finhold, „Aus der Leidensgeschichte deutscher Schuldner", ebenda 1913, Sp. 658—63, und endlich Dittrich, „Prozeß- und Vollstreckungskosten", ebenda 1914, S. 465—499 (eine reiche Fülle von sozialpolitisch äußerst wertvollem Material bearbeitend).

zahlungsfähigeren Schichten den etwaigen Verlust des Justizfiskus, seine bare Zubuße, durch reichlich hoch bemessene Gerichtskosten wieder ersetzen. Dieselbe Erwägung gilt auch für die Anwaltsgebühren. Ist es doch ein sonst allgemein in der Steuerpolitik und der Finanzwissenschaft vertretener und allgemein anerkannter Gedanke, bei der Bemessung der Abgaben Rücksicht zu nehmen auf die Leistungsfähigkeit der Betroffenen. Leider ist dieser ungemein gesunde und allein gerechte Steuermaßstab in der Justizpolitik bisher so gut wie gar nicht zum Durchbruch gelangt. Unsere heutige Gesetzgebung steht hier noch so gut wie vollständig auf reinem manchesterlichen, fiskalischen Standpunkt. Die Gebührensätze der untersten Wertstufen sind viel zu hoch und bedürften dringend der Herabsetzung, das ist eine Forderung, über die sich alle, die sich bisher über diese bei ihrer großen sozialpolitischen Wichtigkeit stark vernachlässigten Frage eingehend geäußert haben, so gut wie einig sind[1]. Das Volk, d. h. die handarbeitenden Schichten, die Arbeiter und unser erwerbstätiger Mittelstand, der Handwerker, kleine und mittlere Beamte wie der Kaufmann, seufzt heute unter der ihn einfach erdrückenden Höhe der Gerichtskosten, man ahnt nicht, wieviel Mißstimmung, ja Erbitterung und Wut gegen unsere Rechtspflege und ihre Organe in diesen zum großen Teil sonst staatserhaltenden Kreisen diese Belastung hervorruft, die Gerichte sind hier völlig machtlos, die Schuld trifft wie so oft allein die Gesetzgebung, aber das Volk weiß nicht zu unterscheiden, und der ganze Groll richtet sich gegen die Gerichte und ihre Träger, die Richter. Wir können hier, so verlockend es wäre, auf die Einzelheiten nicht eingehen; eine wahre Fülle von zum Teil geradezu erschreckenden und abstoßenden Einzelheiten bringen die oben zitierten Abhandlungen, so namentlich Bürgel, Dittrich, Mayer und Finhold.

Eine rechte Fundgrube der Belehrung über „Kostentreiberei" bietet die von Amtsrichter Dittrich[2] vorgenommene eingehende Statistik der Vollstreckungshandlungen beim Amtsgericht München. Danach waren bei Forderungspfändungen und bei solchen Zwangsvollstreckungen, die zur Ableistung des Offenbarungseides durch den Schuldner führten, in der untersten Wertstufe von 1—20 Mk., also für gerade die ärmeren und ärmsten Schuldner, die Kosten in Sachen mit Anwalts-

---

[1] Vgl. die oben angeführten Arbeiten.
[2] Vgl. Dittrich, „Prozeß- und Vollstreckungskosten" in D. R. Z. 1914, S. 466—499.

vertretung bedeutend höher als die Hauptsache selbst. Sie betrugen nämlich nicht weniger als 144 und 229% der Hauptsache.

Besonders kraß wirkt das Beispiel Tafel II Nr. 4, wo wegen einer Forderung von 50 Pfennig gleich vier Vollstreckungshandlungen vorgenommen und dadurch einschließlich des Versäumnisurteils insgesamt 30 Mk. Kosten, also genau das Sechzigfache der Hauptforderung, hervorgerufen werden.

Unbedingt erforderlich wäre auch die Streichung des § 91 Abs. 2 Z.P.O., wonach die obsiegende Partei die Kosten ihres Rechtsanwalts vom unterlegenen Gegner stets und unter allen Umständen verlangen kann, auch wenn der Sachverhalt und die Rechtslage noch so einfach lagen und der obsiegenden Partei, wie es leider nicht allzuselten vorzukommen pflegt, aus den niedrigsten Motiven heraus, nur um dem Gegner recht hohe Kosten zu verursachen, sich einen Anwalt genommen hat. Hier müßte stets das betreffende Gericht, das den Prozeß zu entscheiden hatte, nachprüfen dürfen und müssen, ob denn auch nach der ganzen Sachlage die Zuziehung eines Anwalts zur zweckentsprechenden Rechtsverfolgung oder Rechtsverteidigung wirklich notwendig war. Diese Prüfung tritt heute schon bei allen anderen Kosten und Ausgaben, deren Erstattung die obsiegende Partei von ihrem Gegner verlangt, ein, nur der Rechtsanwalt erfreut sich auch hier eines glücklichen Privilegs, wie es durch keine sachlichen Erwägungen gerechtfertigt ist! Im Ausland sind übrigens[1] die Anwaltskosten entweder überhaupt nicht oder nur nach ganz souveränem Ermessen des Gerichts erstattungsfähig. So werden in Belgien, Frankreich, den Niederlanden, Griechenland, Ungarn, Japan, Korea und in der Regel in Norwegen die Anwaltkosten überhaupt nicht erstattet, in England nur teilweise und nach freiestem richterlichen Ermessen. Mit der befürworteten Regelung würden manche Schweren und Härten des heutigen Zustands beseitigt werden, die „Kostentreiberei" schikanöser Gläubiger erfolgreich bekämpft, manche schwachen Existenzen vor ihrem Zusammenbruch bewahrt, dem sozialpolitischen Gedanken der ausgleichenden Gerechtigkeit und damit den Postulaten der Ethik Genüge getan werden.

Wir sind am Ende unserer bescheidenen Betrachtungen, erschöpfend konnten sie natürlich nicht sein; ihr Zweck wäre völlig erfüllt, wenn sie dargetan hätten, daß anscheinend rein juristische Fragen weit über

---

[1] Vgl. Mirus, „Die Kostenerstattungspflicht im Ausland", D. R. Z. 1913, S. 53—55.

den Rahmen der Rechtswissenschaft herausragen, für die Allgemeinheit, die Volkswirtschaft wie den Staat von der größten Bedeutung sind, ferner aber, daß die Grundprobleme der zukünftigen Ausgestaltung unseres Zivilprozesses nicht allein mit rein abstrakten rechtswissenschaftlichen Erwägungen gelöst werden können, sondern der Zuhilfenahme und tätigen Mitarbeiterschaft der Staatswissenschaften und auch der Ethik bedürfen. Auch der Zivilprozeß ist ein Teil unserer Volkswirtschaft. Ob die große Reform unseres heutigen Zivilprozesses in dem von uns angestrebten Umfang errungen wird? wer könnte das mit Sicherheit zu behaupten wagen? Prophetengabe wäre dazu nötig! Die Mächte des Beharrens sind auch hier sehr groß und einflußreich, scharfe Gegnerin fast jeder großzügigen Reform ist namentlich, von wenigen rühmenswerten Ausnahmen abgesehen, die deutsche Rechtsanwaltschaft, deren Interessen die heutige Zivilprozeßordnung wie auf den Leib angemessen und zugeschnitten ist, denn sie —. nicht die von ihnen vertretenen Parteien — sind heute die eigentlichen Herrn des Verfahrens. Was indes mit froher Zuversicht erfüllen darf, ist einmal der Umstand, daß zur Reform des bürgerlichen Rechtsstreits an Haupt und Gliedern sich in den letzten Jahren nicht nur zünftige Juristen, sondern auch wirtschaftliche Interessentenverbände als Handelskammern, Gewerbe= und Handwerkerkammern und Männer des praktischen Lebens mit großen Erfahrungen und weitem Blick wie Rat Dr. Link=Lübeck, der verdienstvolle Vorkämpfer der gemeinnützigen deutschen Rechtsauskunftstellen, Martin Bürgel u. a. m. äußern, sodann die Tatsache, daß sich die Organisation des deutschen Richtertums, der deutsche Richterbund, es zu seiner obersten Aufgabe gesetzt hat, unermüdlich für eine Erneuerung der deutschen Rechtspflege in Wort und Schrift einzutreten und die öffentliche Meinung über die heutigen schweren Mißstände aufzuklären. Trotz aller ihm erwachsenen Gegnerschaft wird alle diese verdienstliche Aufklärungsarbeit nicht vergeblich getan sein.

Nachtrag

Vorstehende Zeilen waren bereits geraume Zeit niedergeschrieben, als der gewaltige Völkerkrieg ausbrach und wider Erwarten rasch einige der wichtigsten hier vertretenen Forderungen zur Erfüllung brachte. Überall, auch in der Rechtspflege, macht sich eine möglichste Vereinfachung als die große Forderung des Krieges geltend, wie ein Sturmwind ist dieser über alles unnötige Formenwesen dahingebraust. Der Gemeinschaftsgedanke erhebt allenthalben sein Haupt, wir sind in ein Zeitalter des weitgehendsten Staatssozialismus eingetreten, das Manchestertum scheint aus seinen letzten Schlupfwinkeln endgültig verscheucht und vertrieben. Rücksichtslose Verfolgung der eigenen Interessen ohne Schonung des Schuldners gilt als verpönt, die Rechtsordnung kann solchen einseitigen Bestrebungen nicht mehr dienen, auch sie muß sich vor den Geboten des Gemeinschaftsgedankens fügen und ihnen im weitesten Ausmaße Rechnung tragen. Der Richter wird von Fesseln befreit und freier gestellt, er sieht sich durch die alsbald nach Kriegsausbruch einsetzende Gesetzgebung des Reichs und die zahlreichen Bundesratsverordnungen vor die schwere Aufgabe gestellt, beider Interessen, die des Gläubigers wie des Schuldners, wohlwollend gegeneinander abzuwägen und zum versöhnenden Ausgleich zu bringen, weder den einen noch den anderen darf er einseitig begünstigen. Es soll alles aufgeboten werden, um die durch den Kriegsausbruch geschwächten wirtschaftlichen Existenzen der Schuldner vor dem Zusammenbruch zu schützen und ihr Fortbestehen zu ermöglichen. Auf diese leitenden Grundgedanken lassen sich sämtliche Gesetze und Bundesratsverordnungen, deren Fülle die alten Dichterworte „inter arma silent leges" in ihr Gegenteil umkehren, zurückführen. Nur die wichtigsten von ihnen seien hier ganz kurz besprochen[1].

Von ganz besonderer Wichtigkeit ist die Bundesratsverordnung vom 7. August 1914 (R.G.Bl. S. 359/60) über „die gerichtliche Bewilligung von Zahlungsfristen". Danach kann das Prozeßgericht in bürgerlichen Rechtsstreitigkeiten, die bei den ordentlichen Gerichten (also nicht bei den Kaufmanns- oder Gewerbegerichten) schweben, auf Antrag des Beklagten diesem eine mit der Verkündung des Urteils beginnende Zahlungsfrist von längstens drei Monaten in dem Urteil bewilligen. Die Gewährung ist nur zulässig, wenn die Lage des Schuldners sie rechtfertigt und die Frist dem Gläubiger (Kläger) keinen unverhältnismäßigen Nachteil bringt. Sie kann für den Gesamtbetrag oder einen Teilbetrag der Forderung erfolgen und von der Leistung einer nach freiem Ermessen des Gerichts zu bestimmender Sicherheit abhängig gemacht werden. Die Frist kann jedoch nur dann bewilligt werden, „wenn Gegenstand des Rechtsstreits eine vor dem 31. Juli 1914 entstandene Geldforderung ist". Unter den gleichen Voraussetzungen kann auch das Vollstreckungsgericht, also das Amtsgericht, wenn die Sache bereits bis zur Zwangsvollstreckung gediehen ist, auf Antrag des Schuldners bis zu drei Monaten einstellen. Hatte aber das Prozeßgericht schon eine Zahlungsfrist bewilligt, so ist eine nochmalige Stundung durch das Vollstreckungsgericht ausgeschlossen. Hat der Rechtsstreit die Zahlung des Kapitals einer Hypothek oder Grundschuld zum Gegenstand, so kann (nach der Bundesratsverordnung vom 20. Mai 1915 R.G.Bl. S. 290 flg.) die Zahlungsfrist durch das Prozeßgericht und die Vollstreckungsfrist durch das Vollstreckungs-

---

[1] Wegen aller Einzelheiten vgl. den Aufsatz des Verfassers in der D.R.-Z. 1914, S. 774 ff. „Die Kriegsnotgesetze" und die dort angeführte Literatur.

gericht bis auf sechs Monate verlängert werden. Diese Sonderbestimmung zugunsten der Grund- und Hauseigentümer erscheint als durchaus gerechtfertigt, wenn man nur berücksichtigt, daß zufolge des Reichsgesetzes vom 4. August 1914 (R.G.Bl. S. 328 flg.) gegen die unendlich vielen Mieter, die einem mobilen Truppenteile angehören, grundsätzlich Prozesse auf Entrichtung des Mietzinses überhaupt nicht angestrengt werden können, und nach der ganz herrschenden Ansicht auch ein Vorgehen gegen die Ehefrauen solcher Mieter auf Entrichtung des Mietzinses oder Räumung der Wohnung ausgeschlossen ist. So wohnt tatsächlich in unendlich vielen Fällen der Mieter oder seine ganze Familie beim Hauseigentümer umsonst, dieser selbst aber muß nach wie vor seine oft recht hohen und drückenden Hypothekenzinsen an die Hypothekenbanken und andere private Geldgeber fortentrichten. Daher ist es nicht mehr als recht und billig, daß ihm die Reichsgesetzgebung einen gewissen — wenn auch nur schwachen — Schutz durch Einräumung einer besonders langen Zahlungsfrist gewährt!

Wir möchten die Fortdauer dieser dem Richter eingeräumten weittragenden Befugnisse auch für die künftige Friedenszeit warm befürworten. Gewiß bürden sie dem deutschen Richter eine außerordentliche Verantwortlichkeit auf, er muß mit der allgemeinen wirtschaftlichen Marktlage wie mit den besonderen Verhältnissen des Berufes und Gewerbes des Schuldners wie des Gläubigers bekannt sein oder sich im Notfall durch Einziehung amtlicher Auskünfte von den betreffenden berufsständischen Korporationen: Landwirtschafts-, Handels- oder Handwerkskammern — mit ihnen vertraut machen, scharfen Auges und hellhörigen Ohres muß er den leichtfertigen und böswilligen Schuldner von dem unverschuldet in Not und Vermögensverfall geratenen zu scheiden wissen; die Aufgabe ist gewiß schwer, aber unseres Erachtens nicht unlösbar. Der heutige Richter genießt im Gegensatz zu früheren Zeiten keine ausschließlich abstrakt-formaljuristische Ausbildung, sondern schon auf den Universitäten wird er durch den Besuch nationalökonomisch-sozialpolitischer Vorlesungen und Seminare in die Wirtschaftswelt eingeführt, auch die juristischen Vorlesungen entnehmen ihre Beispiele immer mehr dem wirklichen Leben, und die ganze spätere langjährige Ausbildung des Richteramtskandidaten während seiner Referendar- und Assessorenjahre steht unter dem Zeichen, ihn mit der Volkswirtschaft und mit den wirtschaftlichen Erwerbsverhältnissen möglichst vertraut zu machen; Besichtigungen gewerblicher Anlagen und Landgüter, von Theatern, Warenhäusern und Verlagsgeschäften sind für den Referendar vorgeschrieben, desgleichen für den jungen Assessor ein volles Jahr planmäßiger wirtschaftlicher Ausbildung in irgendeinem Zweig des Erwerbslebens. Die Rede vom „weltfremden Richter" beginnt so zum Märchen zu werden. Nicht einzusehen ist es auch, warum zwar der englische Richter[1] zur allgemeinen Zufriedenheit der dortigen Bevölkerung Zahlungsfristen bewilligen kann, seinem deutschen

---

[1] Vgl. Bartsch v. Sigsfeld, „Die britische Kleinjustiz in Zivilsachen und ihre Lehren für Deutschland", in Schmollers Jahrbuch XXXVII (1913), S. 1271 ff.

Berufsgenossen aber die gleiche Befugnis versagt sein sollte. Auch die Erfahrungen, die bisher während der nunmehr fast einjährigen Kriegsdauer bei uns mit der Stundungsbefugnis der Gerichte gemacht worden sind, dürften, vorsichtig ausgedrückt, zum mindesten nicht gegen den hier gemachten Vorschlag sprechen. Während man anfangs über die Geneigtheit mancher Gerichte klagte, stets im Schuldner den allein wirtschaftlich Schwachen zu erblicken und ihn besonders vor dem Gläubiger zu begünstigen, haben neuerdings diese Klagen aufgehört und die Bevölkerung scheint mit der Handhabung der gesetzlichen Bestimmungen durch die Gerichte durchaus einverstanden zu sein.

Als weiteres Glied in der Kette der Maßnahmen zur Aufrechterhaltung der wirtschaftlichen Existenz schwacher Schuldner schließt sich an die sowohl in sozialpolitischer wie juristisch-technischer Hinsicht höchst bedeutsame Bundesratsverordnung vom 8. August 1914: „Anordnung einer Geschäftsaufsicht zur Abwendung des Konkursverfahrens" (R.G.Bl. S. 363 ff.). Danach kann der zufolge des Kriegsausbruches zahlungsunfähig gewordene Schuldner bei dem Amtsgericht seiner gewerblichen Niederlassung, in Ermanglung einer solchen seines Wohnsitzes, zur Abwendung des Konkurses die Anordnung einer Geschäftsaufsicht beantragen. Der Amtsrichter muß dem Antrage stattgeben, „wenn die Behebung der Zahlungsunfähigkeit nach Beendigung des Krieges in Aussicht genommen werden kann". Während der Dauer der Geschäftsaufsicht ist Konkurseröffnung über das Vermögen des Schuldners ausgeschlossen, auch Arreste und Zwangsvollstreckungen finden nur zugunsten der vom Verfahren nicht betroffenen Gläubiger statt. Zu diesen gehören die Aussonderungs- und Absonderungsberechtigten, also vornehmlich Pfandgläubiger, die Dienstverpflichteten und endlich die Gläubiger, deren Forderungen unter Zustimmung der Aufsichtspersonen entstanden sind oder ausnahmsweise einer solchen nicht bedurften. Wie der Name schon besagt, haben die Aufsichtspersonen die Geschäftsführung des Schuldners zu unterstützen und zu überwachen. Widerspricht der Schuldner einer von ihnen für nötig erachteten Maßregel, so entscheidet endgültig der Amtsrichter, seine Entscheidung ist unanfechtbar. Zur Ermöglichung dieser Geschäftsaufsicht hat der Schuldner jeder Aufsichtsperson, die der Amtsrichter ernennt, Einsicht in seine Geschäftsbücher und sonstige Aufzeichnungen zu gewähren und genaueste Auskunft über den Stand seines Vermögens und über seine Geschäfte zu geben. Ohne Zustimmung der Aufsichtspersonen darf er weder unentgeltliche Verfügungen oder Verfügungen über Grundstücke und Rechte an Grundstücken vornehmen, noch irgendwelche Ansprüche befriedigen oder sicherstellen, noch auch andere als solche Verbindlichkeiten eingehen, die zur Fortführung seines Geschäfts oder zu seiner eigenen und seiner etwaigen Familie bescheidenen Lebensführung erforderlich sind. Alle vorhandenen Mittel müssen, soweit sie nicht zur Fortführung des Geschäfts und zu einer bescheidenen Lebensführung des Schuldners erforderlich sind, zur Befriedigung der Gläubiger verwendet werden. Umfang und Reihenfolge der Befriedigung bestimmen nach billigem Ermessen die Aufsichtspersonen. In Streitfällen entscheidet unwiderruflich der Amtsrichter. Handelt der Schuldner seinen Verpflich=

tungen zuwider oder liegen sonstige wichtige Gründe vor, also namentlich etwa Wegfall der Hoffnung der Behebung der Zahlungsunfähigkeit nach Kriegsende, so kann das Gericht das Verfahren aufheben; dieses selbst ist völlig gebührenfrei. — Diese Verordnung bedeutet hoffentlich den ersten Schritt zur Einführung des von uns eingangs dieser Arbeit geforderten Präventivakkordes. Sie bedarf dringend des weiteren Ausbaues, denn in ihrer gegenwärtigen Gestalt ist sie nur eine Halbheit und kann ihre große Aufgabe: Sanierung von unschuldig in Not und Bedrängnis geratenen Existenzen nur ganz unvollkommen erreichen. „Eine endgültige Heilung der wirtschaftlichen Schwierigkeiten des unter Geschäftsaufsicht gestellten Schuldners tritt nicht ein. Die alten Schulden bleiben nach wie vor in ihrem vollen Umfang bestehen, und ihre Last drückt den Schuldner nicht weniger wie früher. Sie sollen im Grunde genommen nach wie vor auf die alte Weise, d. h. wenn auch ratenweise in voller Höhe beglichen werden; woher aber sollen dem zufolge des Kriegsausbruches in harte Bedrängnis geratenen Schuldner die Mittel hierzu kommen? Für die Lösung dieser schwierigen Frage stellt die Anordnung der bloßen Geschäftsaufsicht kein Mittel bereit[1]."

Die Bekanntmachung des Bundesrats vom 18. August 1914 (R.G.Bl. 1914, S. 377 ff.) gewährt noch über den Rahmen der Verordnung vom 7. August hinausgehenden ordentlichen Gerichten die Befugnis, beim Vorliegen der Voraussetzungen der zuletzt erwähnten Verordnung auf Antrag des Schuldners im Urteil anzuordnen, daß die besonderen Rechtsfolgen, die wegen der Nichtzahlung oder nicht rechtzeitigen Zahlung einer vor dem 31. Juli 1914 entstandenen Geldforderung nach Gesetz oder Vertrag eingetreten sind oder eintreten (Verpflichtung zur Räumung wegen Nichtzahlung des Mietzinses, Fälligkeit des Kapitals wegen Nichtzahlung von Zinsen) als nicht eingetreten gelten.

Eine ungemein segensreiche und wichtige Schutzvorschrift zugunsten der armen und ärmsten Volksschichten führt endlich die Bundesratsverordnung vom 8. Oktober 1914 (R.G.Bl. S. 427 flg.) ein, nämlich ein Mindestgebot in Höhe der Hälfte des gewöhnlichen Verkaufswertes bei der Versteigerung gepfändeter Sachen[2].

Das bisherige Fehlen eines solchen angemessenen Mindestgebotes in der deutschen Gesetzgebung bildet wohl den wesentlichsten Grund für den in der weitaus überwiegenden Mehrzahl der Fälle beim Pfandverkauf erzielten sehr geringen Erlös[3]. Es ermöglichte auch erst in den Großstädten die äußerst unerfreuliche negativ=soziale Massenerscheinung der sattsam bekannten sogenannten „Händlerringe", dieser wahren Hyänen des wirtschaftlichen Kampfplatzes. Ihr ganzes Treiben ist nur darauf gerichtet, unter Ausschluß reeller Bieter die fahrende Habe des Schuldners

---

[1] Bovensiepen, Die Kriegsnotgesetze, in der D.R.=3. 1914, S. 781.
[2] Vgl. Bovensiepen, Das Mindestgebot bei der Versteigerung beweglicher Sachen in Leipziger Zeitschrift für Deutsches Recht 1915, S. 685 flg.
[3] Vgl. hierüber die recht lesenswerte Schrift von Dr. Karl Chemnitius, Der geringe Erlös beim Pfandverkauf, seine Ursache und Mittel zur Abhilfe. München und Leipzig 1915, Duncker & Humblot.

zu einem Spottpreise an sich zu bringen und mit einem hohen Nutzen an Trödler oder Althändler weiter zu veräußern. Mit einem Schlage beseitigt nun die Einführung eines angemessenen Mindestgebotes dieses lichtscheue Treiben. Unwirtschaftliche Verschleuderung von unter Umständen hochwertigen Gegenständen zu einem Spottpreise, zu der leider bis zum 8. Oktober 1914 der Staat seine Organe, die Gerichtsvollzieher, bereitstellen mußte, ist nun nicht mehr möglich. Erst bei einem angemessenen Angebot kann die Versteigerung beginnen. In Österreich hat übrigens bereits der § 277 der dortigen Exekutionsordnung vom Jahre 1895 ein Mindestgebot in Höhe von einem Drittel des Schätzungswertes eingeführt. Es hat sich in der Praxis nach der amtlichen österreichischen Justizstatistik vortrefflich bewährt. Auch in der Schweiz gelten nach Art. 126 des Bundesgesetzes über die Schuldbeitreibung und den Konkurs vom 11. April 1899 ähnliche Bestimmungen. Der große Nutzen des Mindestgebots ist so einleuchtend, daß er die Beibehaltung der segensreichen Bestimmung auch nach Friedensschluß verbürgt. Große Werte werden durch Verhütung unwirtschaftlicher Verschleuderung dem einzelnen und der ganzen Volkswirtschaft erhalten, und der Versteigerung wird ein großer Teil ihrer heutigen Schärfe genommen, denn nichts erbittert vielleicht so sehr den Schuldner, als wenn er sieht, wie der Staat, den er bisher stets als den Hüter von Recht und Ordnung betrachtet hat, durch seinen Arm, den Gerichtsvollzieher, sein vielleicht mit sauerem Schweiß erworbenes Hab und Gut zu einem Spottpreise an gewerbsmäßige Aufkäufer, die sich sein Unglück zunutze machen, losschlägt. Wirtschaftlichkeit, Menschlichkeit und Staatsklugheit erfordern gleichmäßig die Beibehaltung des Mindestgebots.

Verheißungsvolle Anfänge zum Ausbau des außergerichtlichen Güterverfahrens, das im deutschen Altertum und Mittelalter einst in hoher Blüte stand, dann aber leider immer mehr und mehr verkümmerte, bietet endlich die Bundesratsverordnung vom 15. Dezember 1914 (R.G.Bl. S. 511) über Einigungsämter. Danach hat der Bundesrat die Landeszentralbehörden ermächtigt, den bereits in den letzten Jahren vor dem Kriegsausbruch zur Bekämpfung der „Prozeßseuche" entstandenen Einigungsämtern, die sich aber namentlich zufolge des Krieges in zahlreichen deutschen Großstädten gebildet haben[1], eine Reihe wichtiger Befugnisse zu verleihen, die sehr geeignet sind, ihre gemeinnützige Wirksamkeit zu fördern. So kann für Mieter, Vermieter, Hypothekenschuldner und Hypothekengläubiger die Verpflichtung zum Erscheinen vor dem Einigungsamte sowie zur genauen Auskunftserteilung bei Meidung von Ordnungsstrafen bis zu 100 Mk. eingeführt werden. Ehe das Gericht gemäß den oben von uns kurz besprochenen Verordnungen vom 7. und 18. August 1914 über den Antrag des Schuldners auf Bewilligung von Zahlungsfristen hinsichtlich des Mietzinses oder Hypothekenzinsen

---

[1] Vgl. über die neueste Entwicklung unter dem Einfluß des Krieges Dr. Link (Vorstand der gemeinnützigen Rechtsauskunft in Lübeck), „Die schöpferische Bedeutung des Krieges für die Rechtspflege" in der D. R.-Z. 1914, S. 759 ff.

entscheidet, hat es das Einigungsamt gutachtlich zu hören. Das gesamte Verfahren vor den Einigungsämtern ist völlig gebühren- und stempelfrei. Hoffentlich wird die Verordnung die Schaffung zahlreicher neuer Einigungsämter zur Folge haben, denn es handelt sich um Einrichtungen, die zur Förderung des Mittelstandes und der ganzen minderbemittelten Bevölkerung, namentlich aber auch des Rechtsfriedens hervorragend geeignet sind. Langwierige, kostspielige und ärgerliche Prozesse werden so vermieden; ein angemessener Interessenausgleich wird rasch und billig herbeigeführt.

An den ganz kurz skizzierten Gedanken der zivilprozessualen Kriegsgesetzgebung gilt es festzuhalten und sie weiterauszubauen. Das Tönen der Glocken, die in hoffentlich nicht zu ferner Zeit dem deutschen Volk und Reich den ehrenvollen Frieden einläuten, darf keinesfalls das Grabgeläute der so wahrhaft volksfreundlich und sozialpolitisch gedachten Gesetzesbestimmungen sein.

Printed by Libri Plureos GmbH
in Hamburg, Germany